**Objectives and strategies for the development of Crafts and SMEs in the Baltic Sea Region**

*Published by*

Baltic Sea Academy e.V.
Dr. Max Hogeforster
Blankeneser Landstraße 7
22587 Hamburg, Germany

*Editorial Correspondence:* editor@baltic-sea-academy.eu
*Websites:* www.baltic-sea-academy.eu  / www.hanse-parlament.eu


*Cover design:* dienstIT, Hamburg
*Printed by* Books on Demand GmbH, Germany


ISBN    9783842326125

Part-financed by the European Union (European Development Fund and European Neighbourhood and Partnership Instrument) within the BSR-QUICK project. This publication does not necessarily reflect the opinion of the European Commission.

We are very grateful to the European Commission for the financial support and also to the Joint Technical Secretariat of the INTERREG IVB Programme for the support and advice.

## Foreword

Since 1994 chambers and organisations of the SME economy cooperate in the Baltic Sea region within the framework of the Hanseatic Parliament. The organisation of the Hanseatic Parliament was established in 2004, and its members are 47 chambers of industry, trade and crafts, as well as organisations of the SME economy, which collectively represent about 450.000 of small and medium-sized enterprises (SMEs).

The Hanseatic Parliament is strongly dedicated to strengthening the Baltic Sea Region and especially to the support for small and medium-sized enterprises. The Baltic Sea Academy was created in 2010 on the initiative of the organisations in order to achieve sustainable support for innovation. 12 colleges and universities from 9 countries of the Baltic Sea Region are the members of the Baltic Sea Academy. The members offer dual bachelor courses of studies, ensure knowledge and technology transfer and perform research and development tasks for small and medium-sized enterprises.

This publication deals with high-priority economic tasks. Additionally, in 2011 and 2012 the Hanseatic Parliament will develop and publish separate strategic concepts for "education policy", as well as "innovation and regional policy".

The economic strategic concept was developed in 2009 – 2011 within the framework of international meetings, conferences and working groups of the Hanseatic Parliament. Representatives of all countries of the Baltic Sea Region participated in the preparation stage, and namely:

- Presidents, members of the Board, directors and employees of 47 member chambers and organisations of the Hanseatic Parliament

- Professors and scientists from 14 colleges and universities of the Baltic Sea Academy

- Representatives of small and medium-sized enterprises

- Politician, as well as representatives of public administration and economic promotion institutions at the local, regional and national level

- Secretariat of the Hanseatic Parliament

Herewith a common economic policy strategy for the development of small and medium-sized enterprises in the whole Baltic Sea Region will be presented. It includes the objectives and strategies which will be represented and implemented consistently by 47 participating chambers and organisations within the framework of their tasks of representing their interests within the whole Baltic Sea Region in terms of policy and administration on the local, regional, national and international level.

Hence, a common strategy will be presented for by far the largest and the most important economic spheres of the Baltic Sea Region, which is within the interest of both small and medium-sized enterprises and their employees, as well as the public interest. It has to be implemented in coordination with politics, administration, chambers, organisations and science.

# Objectives and strategies for the development of Crafts and SMEs in the Baltic Sea Region

# Chapter 1

## Summary

The Baltic Sea Region has been recording high growth rates since the middle of 1990s. According to the results of a growth scenario till 2030, the real gross domestic product per capita is increasing in the eastern Baltic Sea neighbouring states more significantly than in the western Baltic Sea neighbouring states. Nevertheless, the differences in the income per capita among the countries of the Baltic Sea Region will be even more significant in the year 2030.

SMEs have a large share in the macro economy and employment in Europe. 99% of all enterprises in the European Union are small and medium-sized enterprises; they provide about two thirds of all workplaces for private economy in Europe. These pro-portions are even more significant in the Baltic Sea Region.

Clear population losses in the eastern part of the Baltic Sea Region are confronted with population growth in its western part. These regional differentiations pertain also to the development of labour force. Till 2030 the population will decrease by 11.6% in total, which corresponds to over 11 million people. On the basis of these development tendencies, a shortage of labour force is to be expected, which is already ob-servable in numerous economic sectors. Significant competition for skilled employees and young people emerges between individual market participants and countries/ regions.

Since the trend will involve the increasing importance of knowledge-based services and industries with an increasing demand for qualified employees, "knowledge" shall be the decisive future resource. In a Europe-wide comparison the provision of human capital in the Baltic Sea Region is above the average, and therefore huge development potentials exist in this region.

Also, the Baltic Sea Region is characterised by serious mobility barriers for cross-border labour market integration despite the EU membership of most of the Baltic Sea neighbouring countries. This, however, corresponds to a significant importance of strengthening the development potential of economic regions in the Baltic Sea Region.

Framework requirements foster future development of small and medium-sized enterprises and the optimum enterprise size is decreasing. New and additional workplaces within the last 20 years were created almost exclusively in small and medium-sized enterprises. This trend will be reinforced in the future even more.

Small and medium-sized enterprises are the backbone of the economy. The Baltic Sea Region has the best prospects to develop into an innovative and economically strong region with international recognition.

Regionalisation and decentralisation processes are developing increasingly as a stable trend which is contrary to globalisation. The Baltic Sea Region can benefit from these phenomena to a large extent as a sizeable economic region with various cultures, strengths and potentials of its component regions.

Cultural diversity of the Baltic Sea Region and the heterogeneity of individual countries and regions constitute a huge opportunity. There is no alternative to open markets. Those who isolate themselves, lose!

Mastering the future requires intensive cooperation: „links are more important than products". Information technologies come as problem solvers when needed.

Outstanding qualifications on a wider scale are the decisive requirement for sustainable economic success. Small and medium-sized enterprises have a chance in both national and international competitiveness with large innovation potential and on the highest level of quality. Securing the inflow of trainees to excellently qualified enterprises, as well as the management and labour force decide about the future of the SME economy in the Baltic Sea Region, and therefore, these are the most important support tasks.

Outstanding middle- and long term opportunities arise for the SME economy in general and for the Baltic Sea Region in particular. They are however insufficiently recognised, used and supported by politicians and administration on all levels of activity. The SME economy requires directed assistance which can mitigate the current problem areas, and which can facilitate the required adaptations and is oriented towards long-term opportunities for the exhaustion of all potentials and for the accomplishment of the structural transformation.

# List of political proposals

## Competitiveness

⇨ Reliable implementation of the Europe 2020 Strategy

⇨ Increasing and guaranteeing high quality of products and services

⇨ Extensive de-bureaucratisation and remodelling of the development of EU support programmes

## Education

⇨ Improved qualifying and ensuring the growth of enterprises, executive managers, and specialised personnel as the most important support task

⇨ Creation of a flexible and transparent educational system

⇨ Improved performance of general education with and intensive early-childhood support, as well as the exchange of factual knowledge and personal-social competence

⇨ Increasing the attractiveness of vocational training and further education, as well as the development of practical components of education

⇨ Upgrade of vocational further education courses and unbureaucratic international recognition of university degrees

⇨ Strengthening the practical components of education in academic qualification and an intensive orientation on the needs of SMEs.

## Flexicurity

⇨ Supporting new forms of internal cooperation with an improvement of management, especially in the times of crisis, as well as a distinctive increase in productivity

⇨ Extensive flexibilisation of daily, weekly, annual and life working hours, as well as support for multidimensional working environments

⇨ Supporting labour participation of women and elderly employees

⇨ Sustainable strengthening of mobility, as well as targeted immigration policy without any link to income limits

⇨ Strengthening of material and immaterial employee participation and the utilisation of social energy

⇨ Stronger establishment of principles of applied business ethics and the creation of transparency and tangibleness

⇨ Intensive support of learning from one another, as well as personal and organisational development as the primary field of innovation for the economy of the Baltic Sea Region

## Innovations, research and development

⇨ Use of the cultural diversity and balanced regional division of labour according to specific strong points

⇨ Focusing on shortage areas with their development potentials: energy, climate and environmental protection, health, information processing and problem-solving capacities, electronic production and communication systems, as well as personal and organisational development

⇨ Consequent focusing on the needs of the SME economy

⇨ No focus on high-tech cluster but on customer-oriented broad spectrum of innovations' support

⇨ Transfer of innovations, as well as research and development for small and medium-sized enterprises as an obligatory task of colleges and universities

⇨ Improvement of cooperation between colleges and universities, as well as small and medium-sized enterprises

⇨ Development of theme-oriented competence centres through colleges and universities, jointly with chambers

⇨ Creation of a Baltic Sea network of innovation support for the SME economy

## Taxes and social security contributions

⇨ Provision of a transparent and simple taxation system with the maximum possible tax equity

⇨ Strengthening of own capital provision and the innovation opportunities for small and medium-sized enterprises

⇨ Creation of more individual responsibility and stronger disconnection of social expenditure from the labour factor

⇨ Organisation of taxes and social security contributions in a way to cause stimulation for innovations

## Provision of capital

⇨ Improvement of the return of investment and own capital provision in small and medium-sized enterprises

⇨ Strengthened stimulation for financial institutions for the transfer of support money

⇨ Organisation of regional guarantee association with better provision of back bonds

⇨ Creation of regional funds for small and medium-sized enterprises for the provision of risk and venture capital

⇨ Creation of an investment bank for the Baltic Sea Region for small and medium-sized enterprises

## International cooperation

⇨ Specific support to small and medium-sized enterprises for the use of the large growth potential in foreign trade

⇨ Removal of barriers and support for the mobility and strengthening of personal encounters

⇨ Establishment of a liberal exceptional rule to the visa requirement in the region of Kaliningrad

⇨ Development of common strategic concept for the SME economy in Russia, Belarus and Ukraine

## Economic self-administration

⇨ Recognition and strengthening of the chambers as central supporters of SME economy in the area of the Baltic Sea

⇨ Intensive shifting of mandatory tasks to the chambers for a cost-effective, company-specific awareness and provision of services from one source

⇨ Creation of comparable legislation for the economic self-administration in all countries of the Baltic Sea Region

⇨ Strengthening the awareness of entrepreneurs concerning the importance of innovations, education, quality assurance and international cooperation

⇨ Concentration of supporting institutions and creation of uniform networks on the regional level and on Baltic Sea level for the support of small and medium-sized enterprises.

# Chapter 2

## The SME economy in the Baltic Sea region[1]

In the following analyses and projections, the developments in particular Baltic States, as well as for the whole Baltic Sea Region have been described by means of selected indices. At the same time, the intended comparisons illustrate different developments, however, they cannot be understood as benchmarks for future objectives and methods applied by particular countries and component regions.

### Macroeconomic development

The Baltic Sea region has recorded high growth rates since the middle of the 1990s. Especially in the (former) transformation countries the economic dynamics exceeded markedly the average EU15 value in the period between 1995 and 2009. However, also Finland, Sweden and Norway have been growing considerably faster than the EU average, whereas, Denmark and Germany remain below the EU average. The younger development of the Baltic Sea region is characterised by substantial disparities regarding the economic growth.

---

[1] Chapter 2 originated from two essential components:
a) Hamburg Institute of International Economics, in Baltic Education, Hanseatic Parliament, Hamburg 2008
b) Political Framework Conditions and Support of Crafts and SMEs in the Baltic Sea Region, Hamburg 2006.

**Gross domestic product per capita, 2009, purchasing power standard, in Euro**

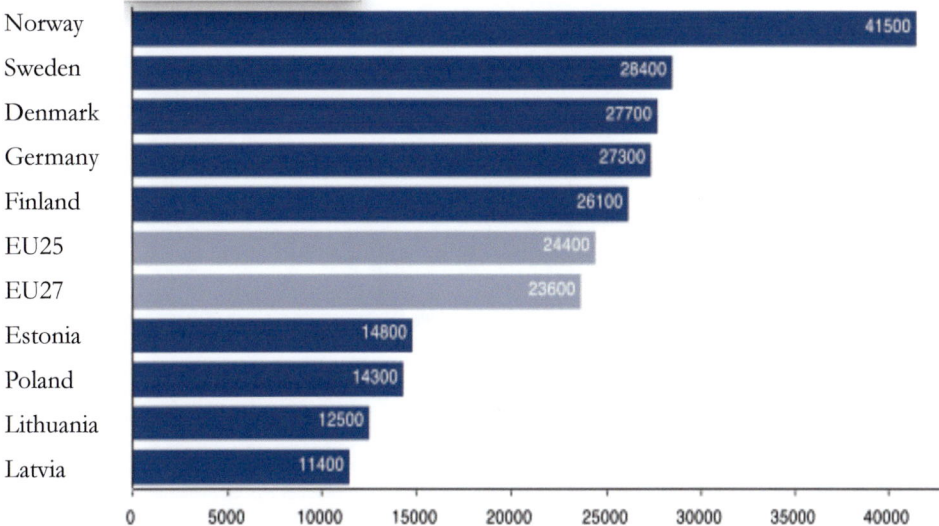

Source: EUROSTAT: presentation of the Hamburg Institute of International Economics (HWWI).
Original graphic in German language available at page 52 of this publication.

At the same time the development in the Baltic Sea region is characterised by the reduction of disparities between the East and the West. The economies of the new EU Member States converge against a higher development level and higher standard of living of the western neighbours of the Baltic Sea. At present the growth within the relatively young EU states is much differentiated. High growth rates are dominated    mostly by metropolitan regions, especially capital regions. The convergence processes will still be in progress and the income differences between "relatively rich" and "relatively poor" Baltic Sea neighbouring countries will decrease over time. By the year of 2030 the actual gross domestic product per capita will presumably increase in the eastern Baltic Sea neighbouring countries more than in the western Baltic Sea neighbouring countries. Nevertheless, the differences in the income per capita between the countries in the Baltic Sea Region will still be significant in 2030.

**GDP, projections 2006-2030, average annual real growth rate in %**

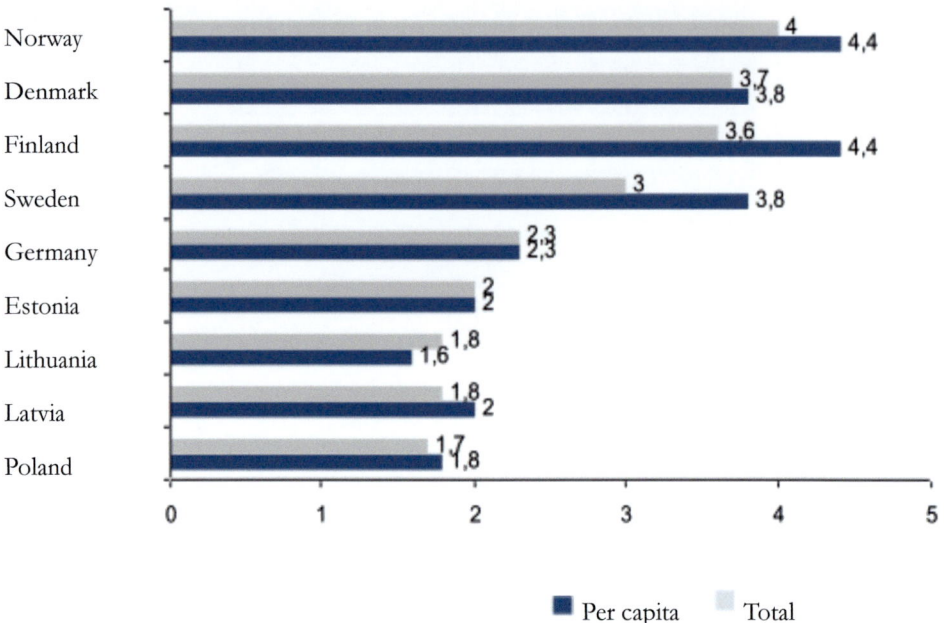

Source: FOOD AND AGRICULTURE ORGANISATION (FAO): World Agriculture: towards 2015/2030 Summary Report, Food and Agriculture Organisation of the United Nation, Rome 2002.

## Income per capita, PPS, 2006 and 2030

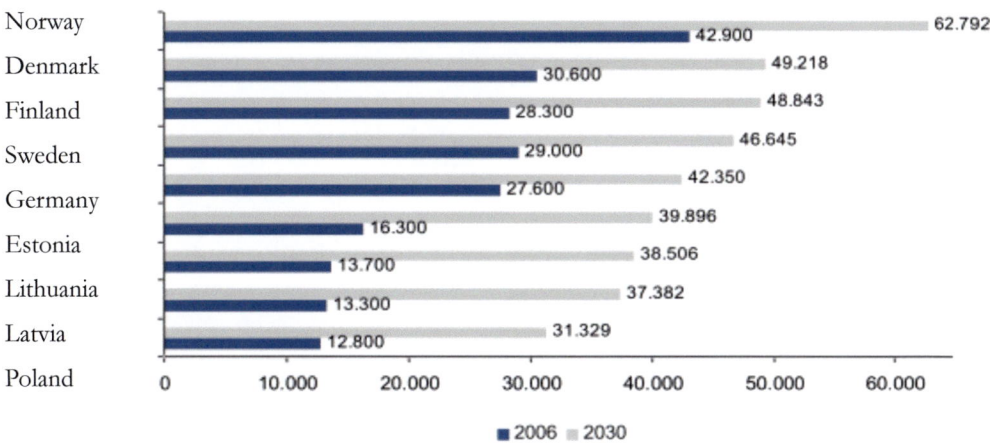

Source: FAO: Report and EUROSTAT: records; calculations of the Hamburg Institute of International Economics (HWWI).

## Economic structure

Currently the Scandinavian countries: Norway, Denmark and Sweden have a share in the service sector which exceeds the average of the EU15- EU25. It is interesting that now Finland and Estonia have a large share in agriculture and forestry which amounted to 2.7 or 2.6% in 2009. In comparison, Poland, Lithuania and Latvia have a large share in agriculture and forestry which is still significantly over the EU25 average. All in all, we can conclude that the transformation into a service society in post-communist countries has not finished yet. The future development of the new EU Member States in the Baltic Sea Region will depend on the pace of the process of transformation into a service society.

## Economic structure of the Baltic Sea states in 2009, in %

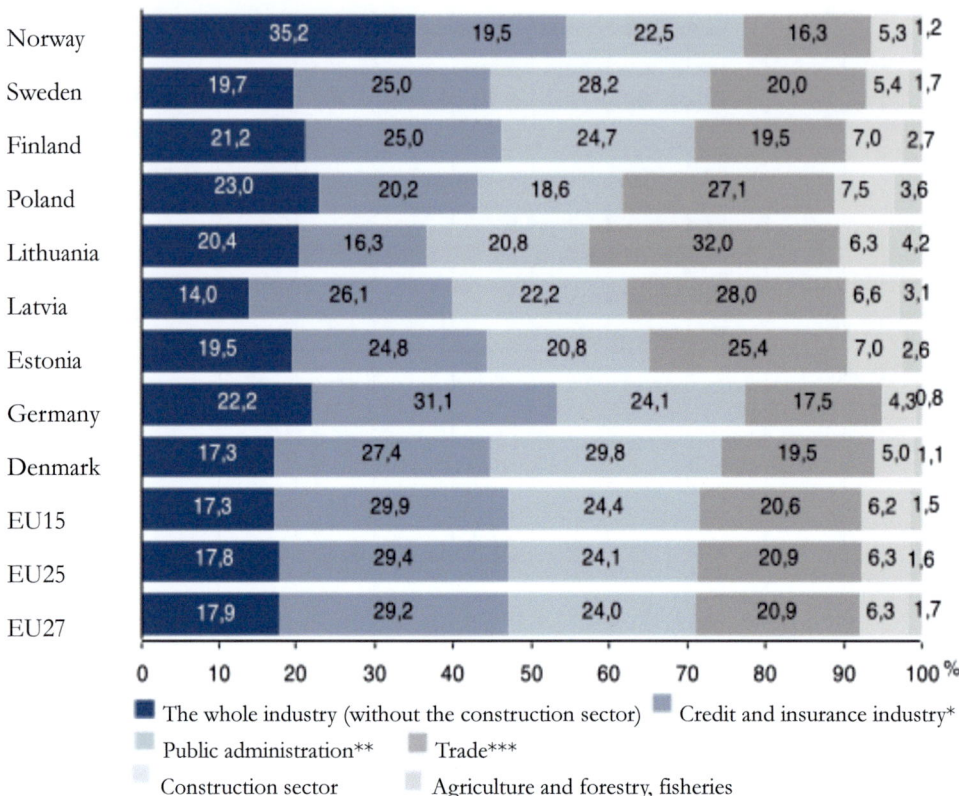

The whole industry (without the construction sector)    Credit and insurance industry*

Public administration**    Trade***

Construction sector    Agriculture and forestry, fisheries

*Credit and insurance industry; property and housing, renting of movables, provision of services mostly for enterprises
**Public administration, defence, social security; education; healthcare system, veterinary and social services; provision of other public and personal services; private households
***Trade, maintenance and repairs of motor vehicles and durable goods; catering and hotel industry; transport and communications
Source: EUROSTAT (2010); Presentation of the Hamburg Institute of International Economics (HWWI).
Original graphic in German language available at page 55 of this publication.

16

# Small and medium-sized enterprises

SMEs have a large share in the overall economic structure in Europe. At the same time 99% of all enterprises in the European Union are small and medium-sized enterprises which provide two thirds of all jobs in the private sector in Europe. An average enterprise in the EU employs 6.4 persons. Micro-enterprises (1 - 9 employees) are the predominant type of business in countries such as Poland (96%) and Sweden (94%), whereas the proportion of small and medium-sized enterprises (10 - 250 employees) is relatively large in Estonia, in Germany and in Latvia. In certain industries, such as the textile sector, the construction sector and the furniture industry, SMEs provide over 80% of all the employed workers.

## Distribution of company sizes in the Baltic Sea Region, 2008, in %

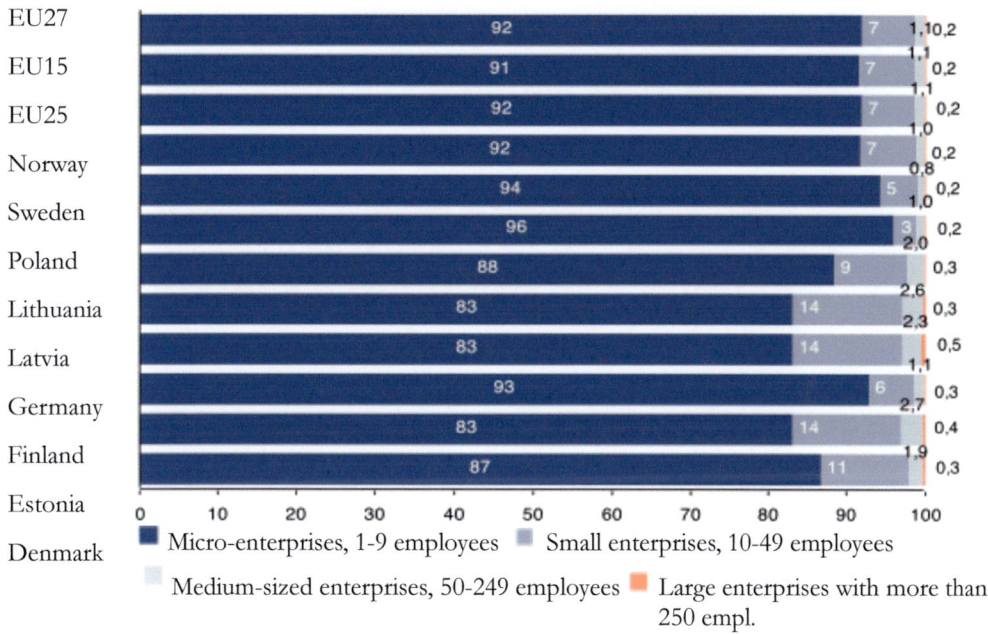

Source: EC (2009): European SME's under pressure: Annual Report on EU Small and Medium - Sized Enterprises 2009; calculations of the Hamburg Institute of International Economics (HWWI).

17

## Average size structure of enterprises in 2008, in %

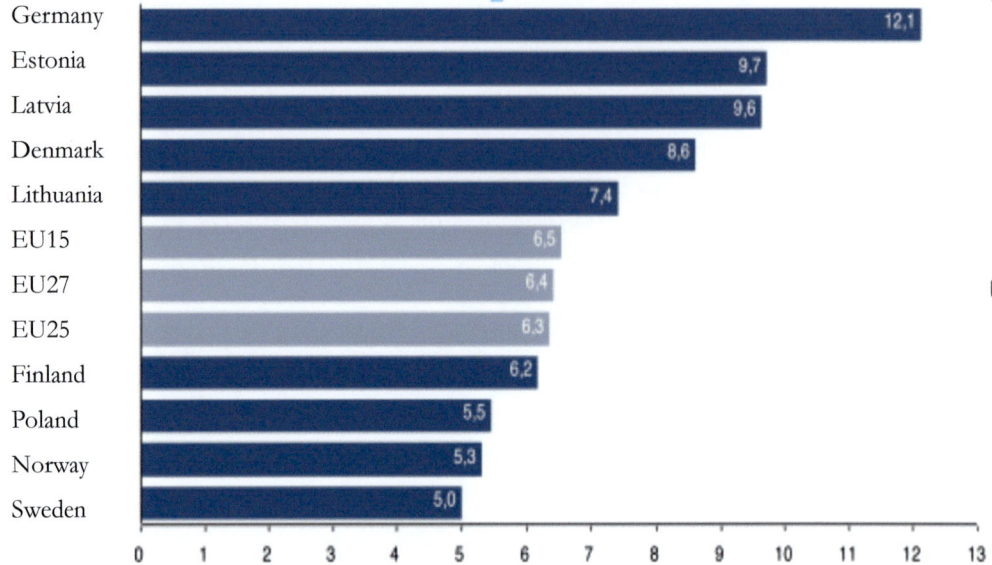

Source: EC (2009): European SME's under pressure: Annual Report on EU Small and Medium - Sized Enterprises 2009; calculations of the Hamburg Institute of International Economics (HWWI).

It is striking that already in smaller countries, such as the three Baltic States and Denmark, the average size of an enterprise is above the EU15 and EU25 average level. Whereas in Poland the enterprise size structure is below the average in relation to EU15 and EU25.

## Population

People and their knowledge constitute the central production factors. Therefore, the demographic development is of great significance for the future prospects of the Baltic Sea Region. The demographic development has been strongly diversified in re-cent years among the countries of the Baltic Sea Region. Distinct population losses in the eastern part of this region were opposed to an increase in the western part of this region. This spatial differentiation pertains also to the development of labour force. While the labour force in Norway, Denmark, Finland and Sweden has

18

been positively developing since 1995, a strong net migration since 1990 has led to an enormous decrease in labour force in Poland and in the Baltic states.

The future demographic development in the Baltic Sea Region will be shaped by a decrease in population with a simultaneous ageing of the population. The underlying causes of this phenomenon are continuously low birth rates, constantly increasing life expectancy and migration tendencies.

EUROSTAT population projections for the period up to 2030 all point to more and more negative trends for the Baltic States, Poland and Germany. For Sweden, Denmark and Finland, on the contrary, an easy growth of population is projected. However, in the Baltic Sea region the economically active population will decrease. Population by 2030 will be reduced by a total of 11,6%, which corresponds to more than 11 million people. The increasing demand for skilled labour in the on-going structural change confronts loss of economically active of the population, due to demographic processes.

## Population growth, 1998 to 2008, in %

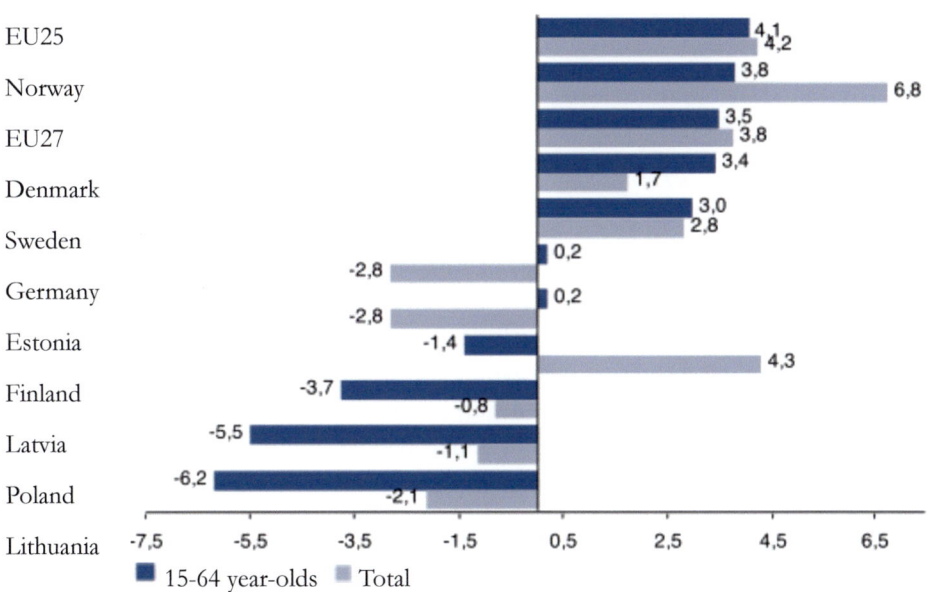

Source: EUROSTAT: calculations of the Hamburg Institute of International Economics (HWWI).

## Population growth, projections 2006-2030, in %

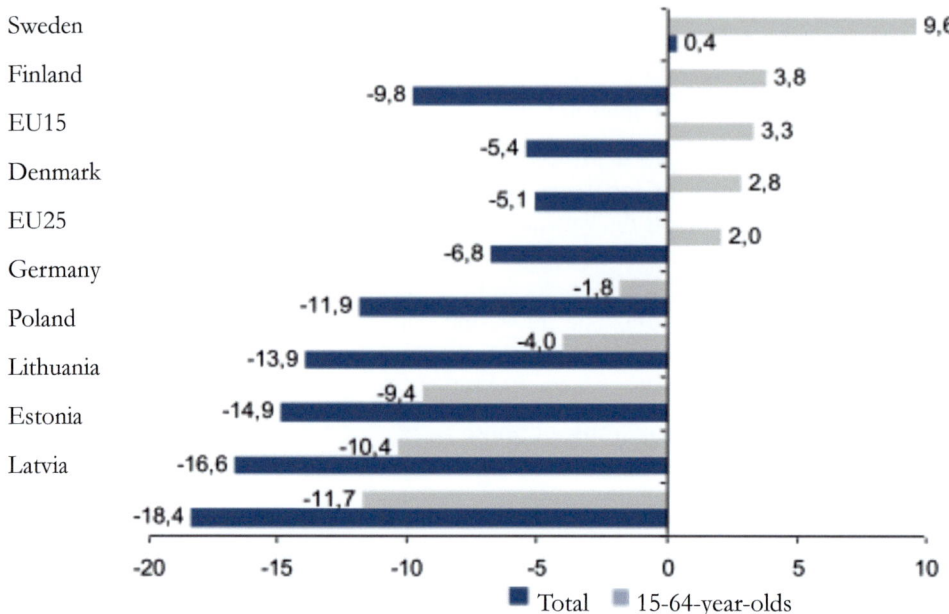

Source: EUROSTAT: records.

At the same time the labour force in all countries of the Baltic Sea Region is ageing: increasingly more workers are over 45 years old, whereas the number of people who start their professional life will drastically decline. On the basis of these development tendencies skilled worker shortage may be expected – especially in crafts – which is already significant in numerous industrial sectors. Substantial competition for labour forces and young people occurs between individual market participants, as well as countries/regions. Also age-conditioned decline of the willingness to take risks, as well as vocational, regional and trans-regional mobility of labour force may adversely affect the economic dynamics and economic transition capability.

## Knowledge economy

In the light of progressing structural transformation towards knowledge-based services and industries, the importance of education, science, research and technology for economic success is still increasing. New technologies, qualified workers and distinctive innovation skills present substantial requirements for economic growth to national economies. It will have significant consequences for the society: in an increasingly engineered world, which will be shaped by dynamic innovation processes, the requirements for qualifications of the population and its work-related mobility are increasing.

## Proportion of tertiary education of the population of 15-64-year olds and 25-64-year olds in 2009

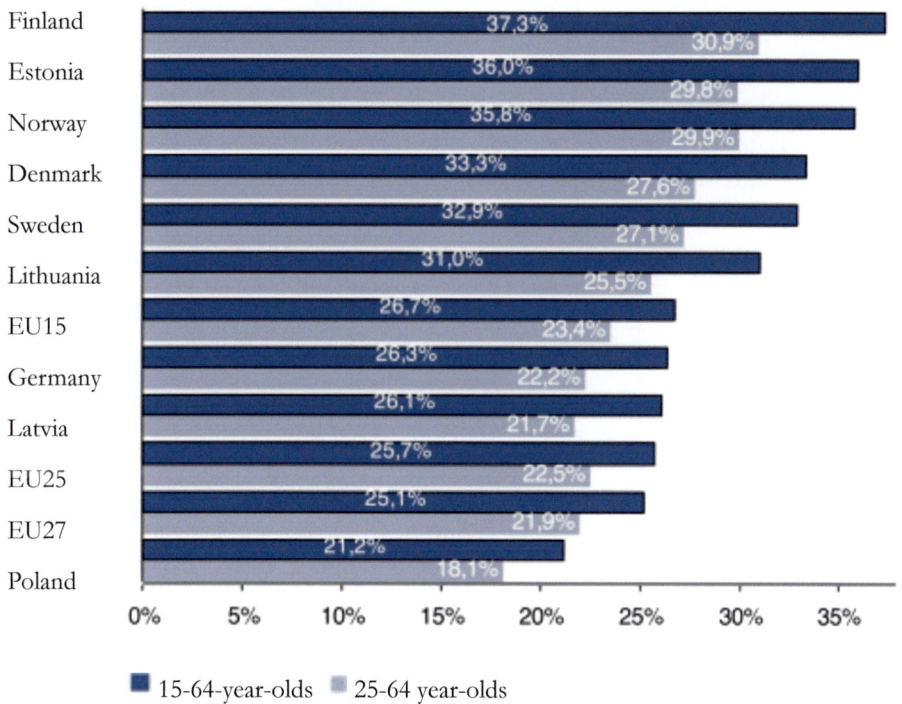

Source: EUROSTAT: calculations of the Hamburg Institute of International Economics (HWWI).

Since the trend will involve the increasing importance of knowledge-based services and industries with an increasing demand for qualified employees, "knowledge" will be the decisive future resource. In a Europe-wide comparison, the provision of human capital in the Baltic Sea Region is above the average, and therefore huge development potentials exist in this region.

Relatively good provision of qualified labour force and specialisation in knowledge-based spheres of economy is reflected in the international innovation capability of these enterprises. However, small and medium-sized enterprises connected with crafts obtain their trainees mostly from vocational training and further education. This form of education loses its attractiveness in many Baltic Sea neighbouring countries, therefore, a problem with trainees will arise. Currently the innovation capability – especially of production innovations – is an important factor for competitiveness, but also for the crafts. Research and development tasks in knowledge economies are important for the future development, whereas, incremental product and process innovations are more important for the crafts. This form of innovation takes place mainly through the diffusion of knowledge, which is best transferred by mobile labour force, because in crafts it often involves personal (implicit) knowledge. Thus, implicit knowledge represents a type of knowledge which cannot be codified, i.e. which cannot be formulated in an explicit way. For example the technique of marquetry can be codified, but the experience of a joiner with such skills can be spread only through professional mobility between two enterprises. Special knowledge can be spread further through the mobility of labour force, combined anew, and in this way regional development barriers can be overcome.

It can be expected that in the future the „West-East-slopes" of innovation capability and the contribution of knowledge economy to the economic development between the Baltic Sea neighbouring countries will be reduced. In the course of catching-up processes of the Baltic States and Poland the research and development capabilities of these countries will expand. These economies will benefit from close proximity with leading knowledge countries, such as Finland and Sweden, since the transmission of knowledge spill overs and information is distance-dependent. The smaller the distance between the countries, the larger is their spatial development dependency. An important role for the transfer of knowledge – also for cross-border transfer – is performed by face to face contact and cross-border mobility of labour force, the intensification of which can be expected in the course of the upcoming reduction of mobility barriers.

**Proportion of respondents, who expect to move to another EU country, within the next five years, 2005, in %**

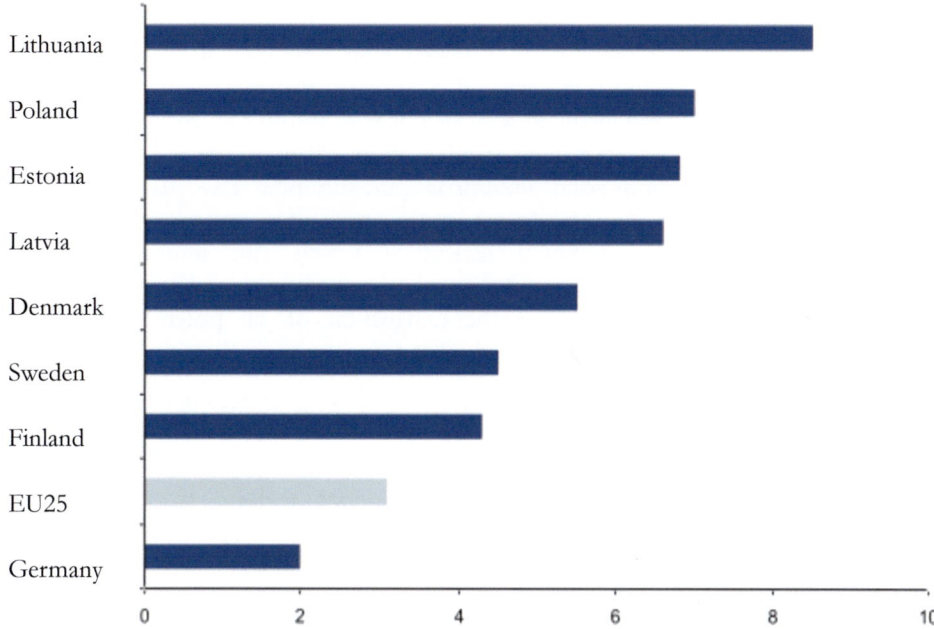

Source: Tom VANDENBRANDE (Ed.) (2006): Mobility in Europe: Analysis of the 2005 Eurobarometer survey on geographical and labour market mobility, European Foundation for the Improvement of Living and Working Conditions, Dublin.

Also the Baltic Sea Region is characterised by serious mobility barriers for cross-border labour market integration despite the EU membership of most of the Baltic Sea neighbouring countries. In view of the demographic transformation and the threat of a resultant shortage in labour force in many European countries, it is of great importance to facilitate cross-border labour market integration in order to strengthen development potentials of economic regions. It is also applicable in the case of the Baltic Sea Region.

## List of requirements and opportunities

1.  Framework requirements foster future development of small and medium-sized enterprises and the optimum enterprise size is decreasing. However, in order to use the opportunities connected with it for the benefit of all, the SME economy requires comprehensive support.

2.  A profound structural transmission makes small and medium-sized enterprises face enormous requirements. Globalisation requires especially swiftness and flexibility; SMEs are very fast and flexible in principle. Many craft enterprises fail to use their potentials in a sufficient way and in fact they are still too slow and insufficiently innovative. "Only" about 20% of them are really brilliant. Small and medium-sized enterprises in the new EU Member States are frequently more hungry, faster, more innovative and dynamic. The SME economy requires directed assistance which can mitigate the current problematic areas, facilitate the required adaptations and is oriented towards long-term opportunities for the exhaustion of all potentials and for the accomplishment of the structural trans-formation.

3.  Regionalisation and decentralisation are evolving increasingly as a stable trend contrary to globalisation. The Baltic Sea Region can benefit to a large extent from these phenomena as a sizeable economic region with various cultures, strengths and potentials of its component regions. Cooperation of the component regions focused on specific strengths optimally facilitates both small-scale and large-scale development and international competitiveness of the Baltic Sea Region.

4.  Cultural diversity of the Baltic Sea Region and the heterogeneity of individual countries and regions constitute a huge opportunity. Different experiences and cultures effect innovations and offer an opportunity to learn from one another. Reorganisation in middle- and eastern-European countries brings about large dynamics and various innovations. Common history of the historic Hanseatic League creates a solid foundation for a courageous shape of the future. Various cultures are an asset. They can break decrepit structures and provide innovation stimuli. Therefore, regional identities and cultures have to be invigorated.

5.  The eastward enlargement of the EU which included Poland, Lithuania, Latvia and Estonia is a profound advantage for the whole Baltic Sea Region and it presents new perspectives. The cooperation with the non-EU state of Norway is already very intensive. Also, the cooperation with Russia is of outstanding importance and it requires further intensification. At the same time, the development directions and the achieved position of the old EU states cannot

represent a benchmark for the former "transformation countries". On the contrary, the objective must be the support of specific strengths, independent ways towards opening and the development of the whole Baltic Sea Region together for the benefit of all participating countries through cooperation into an efficient region with international standing.

6. Each economic region has its specific strengths and weaknesses. The objective cannot be the levelling and synchronisation but a targeted development, cooperative use of specific strengths, as well as an activation of a driving force, which may arise from differences. Also the differences in the amount of labour costs between the East and the West will still exist. But there are still cheaper countries worldwide. There is an alternative: to be better, faster and more innovative, pro-vide highest quality, offer complex solutions to problems and be strong through similarity.

7. There is no alternative to open markets. Those who isolate themselves, lose! Individual economic regions have won increasingly large open markets in the course of history. Especially the industry and foreign trade benefit from it. Crafts benefit domestically from a strong economy and increasing outsourcing from larger, international enterprises which execute their business internationally, as well as partners from foreign markets. Opening and export can, however, be a one-way road.

8. Mastering the future requires intensive cooperation: "links are more important than products". Information technologies come as problem solvers when needed. Cooperation's concentrate strengths, however, they preserve independence. Trust and cooperation management is sought after. Successful enterprises and cooperative cultures have to be based on strengths, encompass integration of employees and use the creative potential of all minds. And indeed, SMEs require specific assistance for the creation of cross-border activities, as well as the use of opportunities and minimising the risks. In this case especially economic organisations, as well as political and administrative bodies are especially called for.

9. New and additional workplaces within the last 20 years were created almost exclusively in small and medium-sized enterprises. This trend will be reinforced in the future even more. There are large potentials for the growth of employment, especially in the case of smaller sizes of enterprises and on the grounds of their existence. Medium-sized enterprises experience particular pressure in almost all Baltic Sea neighbouring countries. The development of small business entities into larger ones, the revival of SME manufactures, and strengthening medium-sized enterprises promise good growth opportunities.

However, political frame-work conditions and support are required, which should be focused on varied issues of different size classes within the SME economy.

10. Small and medium-sized enterprises are the backbone of the economy. At the same time, they stabilise the development of the society. They are anchored in their region and can use the possibilities of international cooperation, and strengthen their position without relocating their workplaces abroad. The economy of the Baltic Sea Region will be shaped mainly by small and medium-sized enterprises, which provide over 99% of all services and about 70% of all workplaces. The Baltic Sea Region, with its efficient SME economy, has excellent opportunities for economic strengthening and mastering international competitiveness. The Baltic Sea Region has the best prospects to develop into an innovative and economically strong region with international recognition.

11. The Baltic Sea Region has excellent potentials at its disposal in the field of know-ledge economy, university education, as well as research and development. Employees are the most important asset especially in small and medium-sized enterprises. However, in this respect significant shortages are looming for the future. Securing the inflow of trainees to excellently qualified enterprises, management and labour force, as well as significant innovations decide about the future of small and medium-sized enterprises, and therefore, they are the most important support task for SMEs and crafts.

12. Outstanding qualifications on a wider level are the decisive requirement for sustainable economic success. Small and medium-sized enterprises have a chance in both national and international competitiveness in the case of large innovation potential and on the highest levels of quality. Both require the best qualifications. Clear deficits occur already, which will significantly increase in the future, and therefore, decisively limit the growth and innovations. The following developments are to be expected:

⇨ In almost all EU Member States the number of graduates will decline massively, which is conditioned by the demographic development. Growing competition takes place between university education and vocational training, as well as in the economy for educated specialists and managers. So far crafts and SMEs have been losing in this competition for trainees and still remain without far-reaching improvements.

⇨ In many countries the level of qualification of graduates displays visible deficits. The requirements of the economy are high and still increasing. Crafts still more often receive trainees from lowest levels of qualification. A shaped deficit of qualifications measured on the basis of high requirements and necessities arises.

⇨ Proportion of high-school graduated who choose vocational training is still on the decrease and has slumped to a very low level in individual Baltic Sea States. At the same time the number of employees who terminate their employment for the reason of their age is still increasing. In individual countries and regions this difficulty is exacerbating by migration especially of the best labour force, and it is caused by an increasing deficit of qualified labour force.

⇨ Quantitative and qualitative shortages are particularly large in the case of small and medium-sized enterprises in terms of trainees for management of an enterprise. A significant entrepreneur gap already exists and will increase significantly in the future.

⇨ Requirements concerning management are high and still on the increase. The background of globalisation and the EU still seek international skills and experience. Entrepreneurs and managers in SMEs have to have good vocational training and practical experience, as well as profound theoretical qualifications at their disposal.

⇨ So far SMEs have obtained their entrepreneur, management and labour force trainees predominantly through vocational training and further education. Such educational paths are losing their attractiveness in the Baltic Sea neighbouring states. Young people prefer college and university education even more. Since courses of studies are mostly theory-oriented, and the practical issues of SMEs are extensively neglected, it is difficult to gain sufficiently suitable entrepreneur and management trainees form large numbers of students. The pro-motion of entrepreneurship and qualified education for entrepreneurship is becoming a decisive factor. Rudiments which allow for the removal of these shortages have to pursue the important task of support and innovations in crafts and small and medium-sized enterprises.

13. With regard to a more flexible and at the same time safer organisation of the working environment with high productivity, there are profound national differences in the Baltic Sea Region, which offer good opportunities for intensive fostering of learning from one another. New forms of internal cooperation have to be created with the improvement of management especially for the times of crisis. Personal and organisational development needs to be acknowledged as the most important field of

innovation for the economy of the Baltic Sea Region and supported intensively. At the same time, the distinctive productivity re-serves cannot be exhausted but the innovation potentials have to be stimulated on a wider scale and new ways for the mastering of crisis periods have to be created.

14. Cooperation is of high importance which is still increasing. The Baltic Sea Region seems to be increasingly over-organised. A large abundance of networks, support facilities and cross-border institutions causes large time and money expenditure for the coordination and continuous exchange. This creates problems especially in small and medium-sized enterprises which requires uniform reference organisations in charge and services from one source. Focusing on the development of fewer networks with a better reconciliation among each other should take place especially within the SME economy.

15. Outstanding middle- and long term opportunities arise for the SME economy in general and for the Baltic Sea Region in particular, which are insufficiently re-cognised, used and supported by politicians and administration on all levels of activity. The results of a survey conducted by the Hanseatic Parliament in all Baltic Sea neighbouring countries are contrary to distinct opportunities:

⇨ 40% of the chambers and organisations of the SME economy claim that the cooperation within the framework of the support for the economy on the com-munity and regional level is insufficient.

⇨ 60% of the Members of the Hanseatic Parliament claim that the SME economy is not sufficiently recognised by politicians; 75% complain about missing political support.

⇨ 75% of chambers and organisations notice insufficient support for small and medium-sized enterprises by administrative bodies.

⇨ More than 3/4 of the representatives of the SME economy in all spheres of political activity judge that the political framework conditions and the legislation for further development of small and medium-sized enterprises in their region is not advantageous.

16. Small and medium-sized enterprises do not hastily call for the state. They are accustomed to act independently, take control over their fortune and will use their opportunities with large effort in the future. Enterprises have to adapt quickly and flexibly to changing economic framework conditions and try to control them in their own direction through innovative actions. The SME

28

economy requires, however, political framework conditions and support in the interest of the common good, which facilitates the use of their opportunities.

17. Crafts and the remaining SME sector have survived the financial crisis and the worldwide economic recession comparably well and are somehow even stronger after these events. Even in these times of crisis they proved to be central stabilisers of the economy and the society. Unlike large enterprises, SMEs did not react particularly with dismissals but they still employ their personnel - their most valuable asset - for as long as possible. These enormous stabilisations and powerful crisis management should be an opportunity for politicians and administrations at all levels to create framework conditions and support for the benefit of the SME economy and in this way facilitate sustainable growth and best pre-cautions for future crises. Moreover, the banking industry has to realise that their speculations on capital markets have led to incredible losses, whereas loans for the SME economy present the lowest risk, and therefore future preferential capital investments are necessary.

## Chapter 3

### Development of crafts and the SME sector

### Economy of the Baltic Sea Region 2020

The SME economy of the Baltic Sea Region has the potential to achieve the following objectives till 2020:

⇨ The Baltic Sea Region is in the group of three most innovative and most efficient regions with international standing

⇨ Small and medium-sized enterprises are significant supporters and designers of this meaningful development

⇨ The SME economy endures crises far better than large enterprises and is a decisive stabiliser for the economy and society

⇨ New and additional workplaces are created primarily in small and medium-sized enterprises; growth in enterprises with less than 10 employees is especially intensive

⇨ Full employment in all the Baltic States from the years of 2012 – 2014

⇨ Over 80% of all jobs created by the SME economy

⇨ Secure jobs are at the same time created with flexible labour market structures; workers are employed in the crafts and SME sector as long as possible during the times of crisis

⇨ All Baltic States achieve highest educational standards and the most intensive interlocking of schools, universities and enterprises

⇨ The Baltic Sea Region is by far the most popular destination for immigration of highly qualified professionals and executive personnel

⇨ The economy of the Baltic Sea Region implements economy through ecology and is based internally on healthy workplaces, higher personal responsibility and finding meaning in the professional life

⇨ Trust will be perceived as an economically indispensable principle and excellent cultural feature for ensuring prosperity and competitiveness on a wide scale

⇨ Intensive cooperation between universities, research institutes and small and medium-sized enterprises, as well as the implementation of the highest rate of innovation

⇨ 75% of all new patent applications come from the SME economy

⇨ Personal and organisational development is by far the most important field of innovation

⇨ Social energy will be released for the internal cooperation; its economic impact will be enriched in this way, and therefore the economic advantages connected with it are larger than the international differences in the height of labour costs

⇨ The economy of the Baltic Sea Region achieves the highest productivity in the world

⇨ The SME economy is a worldwide market leader in terms of the most important products, especially in the energy, environmental and health sector, as well as in terms of the provision of custom solutions in general

⇨ Since loans to small and medium-sized enterprises are more secure than in the case of large enterprises, they are provided at reduced rates of interest and credit institutions cooperate closely with the SME economy

⇨ The economy in the Baltic Sea Region will be shaped by the virtues of a respectable businessman, as well as of reliability, power of innovation, quality awareness, swiftness and flexibility

⇨ The states and regions of the Baltic Sea Region work unrestrained and trustfully together and create win-win situations both for the domestic economy and for the whole region; also the non-EU countries are intensively involved in the cooperation

⇨ The Baltic Sea Region assumes an exemplary leading role within the EU

These ambitious and outstanding objectives can be achieved within the next 10 years if the politics create appropriate framework conditions at the local, regional, national and international level and support SMEs of the Baltic Sea Region in a targeted way. It can be achieved successfully by means of the following objectives and strategies.

**Political objectives and strategies**

## Competitiveness

Any strengthening of competitiveness according to the original Lisbon Strategy and now the Europe 2020 Strategy has to be of the highest priority, continued intensively and better oriented towards specific requirements of small and medium-sized enter-prises in future. The needs of education, innovations, as well as increasing and ensuring the quality of products and services are the most urgent issues.

Policy making in the case of SMEs has to be reliable, continuous and calculable. Economic policy and legislation have to be oriented towards specific interests of the SME economy. If large enterprises (which constitute a minority in the economy) re-quire other solutions, they should maintain special regulations. All laws and other measures of political influence have to contain a competent impact assessment with a monetary assessment of effects concerning small and medium-sized enterprises.

Swiftness and flexibility are excellent strong points of small and medium-sized enterprises. Nevertheless, they are constrained by sprawling bureaucracy which will deprive them of even more important strong points in the future. Moreover, small and medium-sized enterprises which have to operate with a very low profit margin have to be extremely cost-efficient. A huge bureaucracy inflow causes, however, high cost burdens. An extensive de-bureaucratisation belongs to the most important requirements of thee SME economy, which enables the state to make significant savings. The following activities are of the highest priority:

⇨ far-reaching de-bureaucratisation in all spheres of national activity, as well as "competition of the system" within the Baltic Sea Region. With fully opened borders it is possible to provide SME-friendly solutions which can break consolidated structures in individual countries and facilitate regular competition for the best policies.

⇨ Special regulations and liberations for small and medium-sized enterprises form certain bureaucratic requirements and regulations, e.g. in the areas of statistics, fiscal law, labour legislation, work protection, etc.

⇨ Implementation of a system of incentives for employees of administration, which remunerates to an easily noticeable extent the ones who create the heaviest bureaucratic discharge for small and medium-sized enterprises.

The EU support programmes also require far-reaching de-bureaucratisation and exemptions. Nowadays, it is not possible to offer a small or medium-sized enterprise to apply for EU support, since the bureaucratic expenses for the application, implementation and calculation of possible profits significantly exceed their means. It is not a significant problem of the EU Commission but in the first place of the administration of individual countries and subordinate institutions which are in charge of the execution and settlement of programmes. Protection strategies which generate a huge amount of regulations, requirements and bureaucracy are predominant here and do not have any interest in the success of support. It has to be assumed that at present up to one third of the support money is wasted on unreasonable bureaucratic expenses. The upper limit of 10% should be obligatory in the future. Inspections should be shifted consequently to tax advisors and persons providing auditing services and re-organised from an input control to an output control.

## Education

The Baltic Sea Region and its SME economy will be able to meet the challenges of international competition only with large power of innovation and highest quality. It requires excellent qualifications – they are the most important task for safeguarding the future and increasing prosperity. The true treasure of the Baltic Sea Region is the minds of its people, their creativity, knowledge, competence and involvement.[2]

⇨ The general education has to experience a distinct further development and increased efficiency; especially early childhood support requires intensification and upgrading. Education has to address all spiritual and manual skills, factual knowledge and equally the personal and social competences, as well as facilitate entrepreneurship. Polytechnic education elements may adversely contribute to a strongly over-intellectualised education ideal.

⇨ Vocational education needs to be comprehensively developed further and improved. The decreasing and already very small proportion of young people who pass through vocational training in individual countries is alarming. High permeability between academic, general and vocational qualification, provision of differentiated courses of education according to the level of performance, strengthening the practical components of education, sustainable increase in quality, as well as more intensive

---

[2] Because of the exceptional importance of this topic the Hanseatic Parliament will develop and publish in 2011 a separate strategy concept "Education Policy". Therefore you will find in this concept only a short summary of aims and strategies.

integration and responsibility of the economy and its self-administration are of the highest priority.

⇨ Vocational further education takes place in enterprises and requires corporate educational centres in the SME economy, which have to be available within the framework of economic self-administration. These ways of qualification have to be perceived and supported as equal to academic courses of education, as well as lead to internationally recognised high-level degrees within the framework of module systems.

⇨ Supporting mobility and collecting of international experience already during vocational training, as well as by specialists and managers require intensification. Non-bureaucratic systems of allowance and mutual recognition of vocational training and further education degrees are a decisive requirement, which facilitates quality and creates transparency.

⇨ Academic qualification ought to turn towards the SME economy more intensively. For example, the elite courses of education with high practice proportion (dual courses of study) are required for entrepreneurs and management of small and medium-sized enterprises, as well as in the technical and economic domain.

Provision of trainees for excellently qualified entrepreneurs, management and specialists decides about the future of the SME economy in the Baltic Sea Region, and therefore, it is the most important support task.

## Flexicurity

The labour markets of the Baltic Sea Region require far-reaching flexibilisation, which however, cannot work one-sidedly to the disadvantage of an employee. New forms of internal cooperation including the improvement of management, as well as profound improvements of productivity have to be facilitated, especially at times of crisis.

Very flexible working hours without rigid limits have to be established. Basically, employees should work only when work is actually available in an enterprise. Hence, other different activities have to be taken into consideration, including learning or free time. A far-reaching flexibilisation of the daily, weekly, annual and life working hours has to be implemented. The limitation that at a certain age employees are bound to become pensioners has to be replaced with flexible transitions beyond 70 years of age. Multidimensional working environments have to be supported, in the case of which the income maintenance is provided from many sources, and therefore, the dependency on one source of income and from one enterprise is significantly reduced.

In most Baltic States it is necessary to increase the labour participation of women. This requires family-friendly workplaces, flexible, autonomous organisation of working hours, job sharing, provision of day-care centres with early childhood education, etc. Labour participation of elderly employees needs to be supported. Their commitment owing to their practical knowledge and their individual potential has to be included.

Regional and international mobility has to be facilitated intensively. Targeted immigration policy, which cannot be linked to specific income limits, is especially required. Negative consequences of the division of labour, such as loss meaning or an increase in social costs have to be eliminated through comprehensive internal cooperation which enables further productivity progress at a high level of quality. Employees cannot be reduced to their employment contract and the »sale« of their labour force. Material and immaterial participation of employees witnesses an increase of importance. Enjoyment of independence is an important determining factor. A free and responsible person has to stand strong in the centre of the society and economy. Integrity, cooperation and personal responsibility on the basis of trust influence the utilisation of free social energy in all areas of work and life. While employees develop into partners, the employers give meaning to the work. Therefore, the Baltic Sea Region achieves a new competitive advantage: entrepreneurs do not compete one-sidedly at the level of wages and labour costs but in the utilisation of social energy.

The new economy has to be the economy of full transparency and tangibleness – especially for the employees, but also for customers. A stronger establishment of principles of business ethics is still available in small and medium-sized enterprises, since in SMEs transparency and direct tangibleness are significantly more intensive than in large enterprises. In the case of crafts and the remaining SMEs a person can enjoy special appreciation. Workplaces are especially secure here; employees are further hired also at the times of crisis.

In terms of more flexible and at the same time more secure shape of the new working environment with high productivity in the Baltic Sea Region shows significant national differences which present good chances for intensive sup-port of learning from one another. Personal and organisational development has to be recognised and supported as the most important field of innovation for the economy in the Baltic Sea Region. Therefore, it is possible not only to exhaust the existing productivity reserves but also stimulate innovation potentials on a broader scale, as well as open new ways of mastering crisis times.

## Innovations, research and development

The Baltic Sea Region has been one of the most innovative regions in the world and also today it has distinct innovation potentials at its disposal, which have to be generated and used. The international competition can be won only provided that the Baltic Sea Region will be faster and better than other regions, and again, the most innovative territory in the world.

⇨ Effective innovation strategies in the Baltic Sea Region have to extend region-specific strengths, support spatial cooperation of strong points and the division of labour, as well as use cultural differences as a potential for creativity.

⇨ Excellent fields for innovation for the SME economy apply to all domains which are currently shaped by shortages. Within the shortage areas of energy, climate and environmental protection, health, information processing and problem-solving capabilities, electronic production and communication systems, as well as personal and organisational development, the Baltic sea Region has distinguished learning and research capabilities, as well as large entrepreneurial potential at its disposal, so that especially promising starting points for targeted innovation policy could emerge here.

⇨ Support for research and development by the state, as well as the task-awareness referring to it by universities and colleges has to turn towards the SME economy in a more intensive and consistent way.

⇨ Promotion of some clusters of high-tech development is an important part of the present innovation policy. However, a specific innovation promotion for small and medium-sized enterprises must be particularly developed and intensively realised. Customer-oriented definition of innovations and a more concise policy of support are therefore important here and it can allow for example for the development of adjusted techniques and new products, new forms of organisation and the involvement of employees in the process of innovation or the transfer of technology.

⇨ Colleges and universities have to assume the transfer of innovation, which is an essential task for small and medium-sized enterprises, as a binding and obligatory task. Study and graduation activities should consistently incorporate the development tasks of small and medium-sized enterprises.

⇨ Cooperation between colleges and universities, as well as small and medium-sized enterprises has to be strongly improved and expanded. Therefore, chambers and prominent support institutions of the SME economy can assume the economic communication functions.

⇨ Colleges and universities along with chambers distributed within the whole Baltic Sea Region should develop theme-oriented centres of competence, which constitute a driving force for innovation for small and medium-sized enterprises, en-sure knowledge and technology transfer, and guarantee the performance of R&D activities. With an intensive cooperation, these centres of competence can pre-pare complex offers with transfer, consulting, R&D, further education, etc. and provide all services necessary for small and medium-sized enterprises from one source.

⇨ These individual competence centres create a Baltic Sea network which answers all the questions relevant for the SME economy. Central headquarters of a Baltic Sea network should ensure cooperation, function as a driver, coordinator, think tank and service provider for continuous implementation of innovation strategies for small and medium-sized enterprises.

**Taxes and social security contributions**

Taxes do not seem to be excessively high. A highly developed national economy requires also an efficient state with sufficient financing and investment possibilities for the creation of infrastructure, for education, research and development, as well as the social security tasks. The decisive factor here is a transparent and simple fiscal law with the highest possible degree of tax equity.

With the maintenance of the overall national revenue, discharges for the SME economy are urgently needed, which, being targeted to the net equity base, sustainably strengthen small and medium-sized enterprises.

The Baltic Sea Region will not be able to meet the challenges of competition with countries which offer low wages. Its chances are the power of innovation, and the pace of innovation, in excellent qualifications of the labour force, as well as the best quality of products and services. This corresponds to wages inevitably exceeding the average value. The central problem of crafts and small and medium-sized enterprises in many Baltic Sea states are sprawling additional costs of wages in many eastern countries of the Baltic Sea Region. Consequent savings and restoration of more self-responsibility in all spheres of the social welfare and security are indispensable.

Furthermore, the disconnection of social security contributions from the work factor and financing through taxes ought to take place to a large extent. It has already been implemented in Baltic Sea neighbouring countries with considerable success for prosperity and employment. The objective of such a policy may not be the unification of labour costs in the Baltic Sea Region at a low level, but the generation of requirements for competition according to fair conditions.

The organisation of taxes and social security contributions has to be in principle targeted in a way to support innovations and at the same time provide efficient stimuli for innovative economies. If, for example, the social expenses which are nowadays connected to the work factor, are partially financed from the taxation of energy and environmental goods, two desirable effects occur: at one point the labour costs de-crease, whereas the additional costs of wages are financed from taxes. At the same time, through the taxation of scarce energy and environmental resources they gene-rate economic stimuli for innovations in the domain of energy and environment.

## Provision of capital

The capital flows to the highest rates of return. At present the bonds in shares are profitable as investments in small and medium-sized enterprises. This economically harmful imbalance, which systematically famishes the SME economy in terms of capital urgently requires essential corrections. Complete measures for the improvement of rates of return and the provision of own capital of small and medium-sized enterprises are urgently requires in order to fulfil the requirements for the protection and creation of workplaces.

Credit institutions have to learn from the international crisis and recognise that granting credits and sustainable strengthen of financial interests of small and medium-sized enterprises which present the smallest risk for the whole economy. Accordingly, it is necessary to arrange granting of credits and conditions, whereas credit institutions have to be understood as true partners of small and medium-sized enterprises.

Improved stimuli are to be developed for financial institutions for transferring the support money. Unproblematic provision of innovation and risk capital is to be guaranteed, for example through:

⇨ Organisation of regional guarantee association with better provision of back bonds from a public source.

⇨ Creation of regional funds for small and medium-sized enterprises for the provision of risk and venture capital

⇨ Creation of an investment bank for the Baltic Sea Region for small and medium-sized enterprises

## International cooperation

There are still unused potentials for the SME economy in the foreign economic activity. In order to use these opportunities, small and medium-sized enterprises require specific support and assistance, for example:

⇨ Provision of specific information concerning countries, language courses, information events, export seminars and consulting, etc.

⇨ Implementation of targeted cooperation exchanges, as well as consulting and guidance over the processes after the first contact.

⇨ Transfer and support for cross-border cooperation in various forms at the level of enterprises, which will experience high and still growing importance.

Cross-border activities are initiated and supported especially through personal encounters and through foreign persons who are or were active in enterprises. Also, the transfer of know-how ensues via persons in the first place. With the application of new forms of migration of assistants and masters, the decrepit structures are broken and innovations are supported sustainably. Learning from one another, as well as further development and increasing the quality of vocational training and further education experience intensive support by means of international exchange. Considering the outstanding importance of mobility in the EU, it is far too small in the Baltic Sea Region. Mobility barriers, such as legal and administrative obstacles, language barriers, lacking recognition for vocational education degrees, economic and social differences, as well as transaction costs on the basis of insufficient institutional transparency have to be urgently recreated.

The EU neighbours - Russia, Belarus and Ukraine have to be included in cross-border cooperation's in an unrestricted way. In this respect the situation in the Kalinin-grad region is difficult, since the visa requirement constitutes an obstacle which is hard to overcome for small and medium-sized enterprises. A special large-scale regulation is urgently needed.

The lack of an unambiguous political concept for the development of the SME economy is especially complained about by the economic organisations in Russia, and therefore, a comprehensive law on SME support is needed. It is further recommended that Russia, Belarus and Ukraine together should develop and implement a special concept of support for small and medium-sized enterprises in general, as well as for cross-border cooperation with the inclusion of the experience of other Baltic Sea States.

## Economic self-administration

Small and medium-sized enterprises may not perform internal staff functions like large enterprises, which assume diverse functions of the management. Such staff and support functions in the SME economy have to be performed externally within the framework of the economic self-administration. Chambers are the central service providers who offer the required assistance and support to their member enterprises in an enterprise-friendly and reliable manner and offer value of money in services.

Official functions should be shifted from the state onto the chambers to the largest possible extent, so that they could be perceived as packaged as services from one source without bureaucracy for small and medium-sized enterprises. The chambers can provide official tasks in a more affordable way being closer to the enterprises than the state and link them ideally with support activities. Especially the tasks of vocational training and further education, of the commercial law, environment and health protection should be shifted upon the economic self-administration and therefore appreciated more intensively in self-responsibility of the economy.

The chambers shall be obliged to strengthen the intensive and efficient awareness of enterprises concerning the importance of innovations, education, quality assurance and international cooperation, for example through

⇨ Creation of information system for the clarification of the image of the outside world and indication of threats through the market development.

⇨ National and international business forums.

⇨ Educational and information broadcasts on television.

⇨ Education programs for universities adapted to the economic demand.

Chambers should be developed, perceived and strengthened as central support organisations for the SME economy. For this purpose, as well as for ensuring and supporting international cooperation, a comparable law needs to be created in the Baltic Sea neighbouring countries in order to achieve support for small and medium-sized enterprises.

Networks of support for the crafts and small and medium-sized enterprises need to be developed at the regional level in order to focus all powers and direct them consistently at small and medium-sized enterprises. The chambers should assume the central initiative, coordination and approach functions in these networks, and thus, integrate other support institutions. Enterprises can in this way use all the capacities of the region via a central reference institution - a chamber.

At the same time the task of chambers within the framework of these networks is to continuously implement specific issues of the SME economy in the work of the network partners (politicians, administration, universities, colleges, etc.). Information obligations of the chambers should be clearly regulated in a law on SME support.

Individual regional networks should be integrated intensively into a common Baltic Sea network of development and support of crafts and small and medium-sized enterprises. Such a common network of small and medium-sized enterprises should be integrated into an abundance of created networks and support institutions in order to create a uniform support network both at the local and regional level, as well as the level of the Baltic Sea Region, which could offer all relevant services to small and medium-sized enterprises from one source. Supporters have to achieve this unification and coordination and cannot burden enterprises with it.

With such a uniform support network at the regional and the Baltic Sea level it is possible to support cross-border activities of small and medium-sized enterprises, innovations and learning from one another, the use of region-specific strengths and cultures, as well as spatial division of labour. Tasks of the common Baltic Sea network, which has to be coordinated from one service centre, and of the regional subnetworks are: any supports to crafts and small and medium-sized enterprises and strengthening the economic power in the component regions, as well as within the whole Baltic Sea Region.

# Ziele und Strategien zur Entwicklung von Handwerk und Mittelstand im Ostseeraum

## Vorwort

Seit 1994 arbeiten im Rahmen des Hanse-Parlaments Kammern und Verbände der mittelständischen Wirtschaft im Ostseeraum zusammen. Im Jahre 2004 wurde der Verband Hanse-Parlament e. V. gegründet dem 47 Industrie-, Handels- und Handwerkskammern sowie Verbände der mittelständischen Wirtschaft aus allen Ostseeländern angehören, die in ihrer Gesamtheit rund 450.000 kleine und mittlere Unternehmen vertreten.

Das Hanse-Parlament widmet sich intensiv der Stärkung der Wettbewerbsfähigkeit des Ostseeraumes und hier insbesondere der Förderung des Mittelstands. Um eine nachhaltige Innovationsförderung zu verwirklichen, wurde auf Initiative des Verbands 2010 die Baltic Sea Academy e. V. gegründet, der 12 Hochschulen und Universitäten aus 9 Ostseeländern angehören. Die Mitglieder führen duale Bachelor Studiengänge durch, sichern Wissens- und Technologietransfer und bearbeiten Forschungs- und Entwicklungsaufgaben für die kleinen und mittleren Unternehmen.

Das vorliegende Programm befasst sich mit vordringlichen wirtschaftspolitischen Aufgaben. Ergänzend dazu wird das Hanse-Parlament 2011 und 2012 gesonderte Strategiekonzepte „Bildungspolitik" sowie „Innovations- und Regionalpolitik" entwickeln und veröffentlichen.
Das wirtschaftspolitische Strategiekonzept wurde 2009 – 2010 im Rahmen von internationalen Tagungen, Konferenzen und Arbeitsgruppen des Hanse-Parlaments entwickelt. An der Erarbeitung waren Vertreter aller Ostseeländer beteiligt, und zwar:

- Präsidenten, Vorstandsmitglieder, Direktoren und Mitarbeiter der 47 Mitglieds-Kammern und –Verbände des Hanse-Parlaments
- Professoren und wissenschaftliche Mitarbeiter der 12 Hochschulen und Universitäten der Baltic Sea Academy
- Vertreter kleiner und mittlerer Unternehmen

- Politiker sowie Vertreter öffentlicher Verwaltungen und Wirtschaftsförderungs-Institutionen der lokalen, regionalen und nationalen Ebenen
- Sekretariat des Hanse-Parlaments

Hiermit wird ein gemeinsames wirtschaftspolitisches Programm zur Entwicklung des Mittelstands im gesamten Ostseeraum vorgelegt. Es beinhaltet die Ziele und Strategien, die die 47 beteiligten Kammern und Verbände im Rahmen ihrer Aufgaben der Interessensvertretung einheitlich im gesamten Ostseeraum an Politik und Verwaltung auf lokaler, regionaler, nationaler und internationaler Ebene herantragen und abgestimmt vertreten.

Damit wird für den mit Abstand größten und wichtigsten Wirtschaftsbereich des Ostseeraumes ein gemeinsames Programm präsentiert, das im Interesse sowohl der kleinen und mittleren Unternehmen und ihrer Beschäftigten als auch des Gemeinwohls liegt und in gemeinsamer Arbeit von Politik, Verwaltung, Kammern, Verbänden und Wissenschaft realisiert werden muss.

# Kapitel 1
## Zusammenfassung

Der Ostseeraum hat seit Mitte der 1990er Jahre hohe Wachstumsraten zu verzeichnen. Gemäß dem Ergebnis eines Wachstumsszenarios bis zum Jahr 2030 steigt das reale Bruttoinlandsprodukt pro Kopf in den östlichen Ostseeanrainerstaaten stärker an als in den westlichen Ostseeanrainern. Dennoch werden die Unterschiede im Pro-Kopf-Einkommen zwischen den Ländern im Ostseeraum auch im Jahr 2030 noch erheblich sein.

KMU haben einen großen Anteil an der Gesamtwirtschaft und Beschäftigung in Europa. 99 % aller Betriebe in der Europäischen Union sind kleine und mittlere Unternehmen; sie stellen etwa zwei Drittel aller Arbeitsplätze der privaten Wirtschaft in Europa. Im Ostseeraum sind diese Anteile noch ausgeprägter.

Deutlichen Bevölkerungsverlusten im östlichen Teil des Ostseeraumes standen Bevölkerungszuwächse im westlichen Teil gegenüber. Diese räumliche Differenzierung trifft ebenso auf die Entwicklung der Erwerbsbevölkerung zu. Die Bevölkerung geht im Ostseeraum bis 2030 um insgesamt 11,6 %, was mehr als 11 Millionen Menschen entspricht, zurück. Aufgrund dieser Entwicklungstendenzen ist ein Fachkräftemängel zu erwarten, der sich schon jetzt in zahlreichen Wirtschaftsbereichen abzeichnet. Es entsteht ein erheblicher Wettbewerb um Fachkräfte und Jugendliche zwischen den einzelnen Markteilnehmern und Ländern/Regionen.

Weil der Trend zur wachsenden Bedeutung von wissensintensiven Dienstleistungen und Industrien mit steigendem Bedarf an qualifizierten Arbeitskräften einhergehen wird, ist „Wissen" die entscheidende Zukunftsressource. Im europaweiten Vergleich ist die Ausstattung mit Humankapital im Ostseeraum überdurchschnittlich gut, sodass im Bereich der Wissensökonomie erhebliche Entwicklungspotenziale in dieser Region bestehen.

Auch die Ostseeregion ist trotz EU-Mitgliedschaft der meisten Ostseeanrainer nach wie vor durch gravierende Mobilitätshemmnisse für grenzüberschreitende Arbeitsmarktintegration gekennzeichnet. Dieser kommt aber ein bedeutendes Gewicht zu, um die Entwicklungspotenziale der Wirtschaftsregionen im Ostseeraum zu stärken.

Die Rahmenbedingungen begünstigen künftig eher die Entwicklung kleiner und mittlerer Unternehmen, die optimale Betriebsgröße verlagert sich nach unten. Neue und zusätzliche Arbeitsplätze sind in den vergangenen 20 Jahren fast ausschließlich nur noch in kleinen und mittleren Unternehmen entstanden. Dieser Trend wird sich künftig noch deutlich verstärken.

Kleine und mittlere Unternehmen sind das Rückgrat der Wirtschaft. Der Ostseeraum hat die besten Aussichten, sich zu einer innovativen, wirtschaftsstarken Region mit Weltgeltung zu entwickeln.

Als stabiler Gegentrend zur Globalisierung bilden sich immer stärker Regionalisierungen und Dezentralisierungen heraus. Davon kann der Ostseeraum als große Wirtschaftsregion mit den unterschiedlichen Kulturen, Stärken und Potenzialen seiner Teilregionen in besonderem Maße profitieren.

Die kulturelle Vielfalt des Ostseeraumes und die Verschiedenartigkeit der einzelnen Ländern und Regionen sind eine große Chance. Es gibt keine Alternative zu offenen Märkten. Wer sich abschottet, wird verlieren!

Die Meisterung der Zukunft verlangt intensive Kooperationen: „Links sind wichtiger als Produkte". Informationstechnologien kommen als Problemlöser wie gerufen.

Herausragende Qualifizierungen auf breiter Ebene sind die alles entscheidende Voraussetzung für dauerhaften wirtschaftlichen Erfolg. Die kleinen und mittleren Unternehmen haben national sowie im internationalen Wettbewerb nur Chancen bei größter Innovationskraft und auf oberster Qualitätsebene. Die Sicherung des Nachwuchses an herausragend qualifizierten Unternehmern, Führungs- und Fachkräften entscheidet über die Zukunft der mittelständischen Wirtschaft im Ostseeraum und ist damit die allerwichtigste Förderaufgabe.

Für die mittelständische Wirtschaft generell und für den Ostseeraum speziell ergeben sich grundsätzlich mittel- und längerfristig herausragende Zukunftschancen, die allerdings von Politik und Verwaltung auf allen Handlungsebenen nicht ausreichend wahrgenommen, genutzt und gefördert werden. Zur Ausschöpfung aller Potenziale und zur Bewältigung des Strukturwandels benötigt die mittelständische Wirtschaft gezielte Hilfen, die die aktuellen Problemlagen mildern, die notwendigen Anpassungen erleichtern und auf die mittel- und längerfristigen Chancen gezielt ausgerichtet sind.

# Liste der politischen Vorschläge

## Wettbewerbsfähigkeit

⇨ Zuverlässige Realisierung der Strategie Europa 2020
⇨ Steigerung und Sicherung der Qualität von Produkten und Diensten
⇨ Weitreichende Entbürokratisierung und Neugestaltung der Abwicklung von EU Förderprogrammen

## Bildung

⇨ Bessere Qualifizierung und Sicherung des Nachwuchs an Unternehmern, Führungs- und Fachkräfte als wichtigste Förderaufgabe
⇨ Schaffung eines flexiblen und durchlässigen Bildungssystems
⇨ Leistungssteigerung der Allgemeinbildung mit intensiver frühkindlicher Förderung sowie Vermittlung von Faktenwissen und persönlich-sozialer Kompetenz
⇨ Steigerung der Attraktivität der beruflichen Aus- und Weiterbildung und Ausbau der praktischen Ausbildungsteile
⇨ Aufwertung beruflicher Weiterbildungsgänge und unbürokratische internationale Anerkennung von Abschlüssen
⇨ Stärkung der praktischen Ausbildungsteile in der akademischen Qualifizierung und intensive Ausrichtung auf die Belange der KMU

## Flexicurity

⇨ Förderung neuer Formen innerbetrieblicher Kooperation mit einer Verbesserung des Managements insbesondere auch für Krisenzeiten und ausgeprägten Steigerungen der Produktivität
⇨ Weitreichende Flexibilisierung der Tages-, Wochen-, Jahres- und Lebensarbeitszeit sowie Unterstützung mehrdimensionaler Arbeitswelten

⇨ Förderung der Erwerbsbeteiligung von Frauen und von älteren Arbeitnehmern

⇨ Nachhaltige Stärkung der Mobilität sowie gezielte Zuwanderungspolitik ohne Kopplung an Einkommensgrenzen

⇨ Stärkung der materiellen und immateriellen Mitarbeiterbeteiligung sowie Nutzbarmachung von Sozialenergie

⇨ Stärkere Verankerung der Prinzipien gelebter Unternehmensethik und Herstellung von Transparenz und Fühlbarkeit

⇨ Intensiven Förderung des Lernens voneinander sowie der Personal- und Organisations-Entwicklung als wichtigstes Innovationsfeld für die Wirtschaft des Ostseeraumes

## Innovationen, Forschung und Entwicklung

⇨ Nutzung der kulturellen Vielfalt und abgestimmte regionale Arbeitsteilung gemäß spezifischer Stärken

⇨ Konzentration auf Engpassfelder mit ihren Entwicklungspotenzialen: Energie, Klima- und Umweltschutz, Gesundheit, Informationsverarbeitungs- und Problemlösungskapazitäten, elektronische Produktions- und Kommunikationssysteme sowie Personal- und Organisationentwicklung

⇨ Konsequente Ausrichtung auf Belange der mittelständischen Wirtschaft

⇨ Keine Konzentration auf High Tech Cluster, sondern kundenorientierte, weitgefasste Innovationsförderung

⇨ Innovationstransfer sowie Forschung und Entwicklung für kleine und mittlere Unternehmen als Pflichtaufgabe der Hochschulen und Universitäten

⇨ Verbesserung der Zusammenarbeit zwischen Hochschulen und Universitäten sowie kleine und mittlere Unternehmen

⇨ Entwicklung von themenorientierten Kompetenzzentren durch Hochschulen und Universitäten gemeinsam mit Kammern

⇨ Aufbau eines ostseeweiten Netzwerkes der Innovationsförderung für die mittelständische Wirtschaft

**Steuern und Sozialabgaben**

⇨ Schaffung eines transparenten, einfachen Steuerrechts mit einem Höchstmaß an Steuergerechtigkeit

⇨ Stärkung der Eigenkaptalausstattung und der Investitionsmöglichkeiten für kleine und mittlere Unternehmen

⇨ Herstellung von mehr Eigenverantwortung und stärkere Abkopplung der Sozialausgaben vom Faktor Arbeit

⇨ Steuern und Sozialabgaben darauf ausrichten, dass starke Anreize für Innovationen bewirkt werden

**Kapitalversorgung**

⇨ Verbesserung der Rendite und der Eigenkapitalausstattung in kleinen und mittleren Unternehmen

⇨ Verstärkte Anreize für Kreditinstitute zur Weiterleitung von Fördergeldern

⇨ Aufbau regionaler Bürgschaftsgemeinschaften mit besserer Ausstattung öffentlicher Rückbürgschaften

⇨ Schaffung regionaler Fonds für kleine und mittlere Unternehmen zur Bereitstellung von Risiko- und Beteiligungskapital

⇨ Aufbau einer ostseeweiten Investitionsbank für kleine und mittlere Unternehmen

**Internationale Kooperationen**

⇨ Spezifische Förderung der kleinen und mittleren Unternehmen zur Ausschöpfung der großen Wachstumspotenziale in der Außenwirtschaft

⇨ Abbau von Hemmnissen und Förderung der Mobilität und Stärkung von persönlichen Begegnungen

⇨ Schaffung einer großzügigen Ausnahmeregelung von der Visapflicht in der Region Kaliningrad

⇨ Entwicklung eines gemeinsamen Strategiekonzepts für die mittelständische Wirtschaft in Russland, Belarus und Ukraine

**Wirtschaftliche Selbstverwaltung**

⇨ Wahrnehmung und Stärkung der Kammern als zentrale Förderer der mittelständischen Wirtschaft im Ostseeraum

⇨ Intensive Verlagerung von hoheitlichen Aufgaben auf die Kammern zur kostengünstigen, unternehmensnahen Wahrnehmung und Erbringung von Dienstleitungen aus einer Hand

⇨ Schaffung eines vergleichbaren Gesetzes für die wirtschaftliche Selbstverwaltung in allen Ostseeländern

⇨ Stärkung des Bewusstseins der Unternehmer für die Bedeutung von Innovationen, Bildung, Qualitätssicherung und internationaler Kooperation

⇨ Konzentration der Förderinstitutionen und Schaffung eines einheitlichen Netzwerkes auf regionaler und ostseeweiter Ebene für die Förderung kleiner und mittlerer Unternehmen

# Kapitel 2

## Die mittelständische Wirtschaft im Ostseeraum[3]

In den folgenden Analysen und Prognosen werden die Entwicklungen in einzelnen Ostseeländern sowie für den gesamten Ostseeraum mit ausgewählten Kennziffern beschrieben. Dabei verdeutlichen die vorgenommenen Vergleiche unterschiedliche Entwicklungen, verstehen sich aber keineswegs als Maßstab für künftige Ziele und Wege einzelner Länder oder Teilregionen.

### Gesamtwirtschaftliche Entwicklung

Der Ostseeraum hat seit Mitte der 1990er Jahre hohe Wachstumsraten zu verzeichnen. Insbesondere in den (ehemaligen) Transformationsländern übertraf die wirtschaftliche Dynamik den Durchschnitt der EU15 im Zeitraum von 1995 bis 2009 deutlich. Aber auch Finnland, Schweden und Norwegen sind erheblich schneller gewachsen als der EU-Durchschnitt. Dänemark und Deutschland sind hingegen unterhalb des EU-Durchschnitts geblieben. Die jüngere Entwicklung der Ostseeregion ist somit von erheblichen Disparitäten hinsichtlich des Wirtschaftswachstums gekennzeichnet.

---

[3] Kapitel 2 geht in wesentlichen Teilen zurück auf
    a)   Hamburg Institute of International Economics, in Baltic Education, Hanse-Parlament, Hamburg 2008
    b)   Politische Rahmenbedingungen und Förderungen von Handwerk und Mittelstand im Ostseeraum, Hanse-Parlament, Hamburg 2006

**Bruttoinlandsprodukt pro Kopf, 2009, Kaufkraftstandard, in Eur**

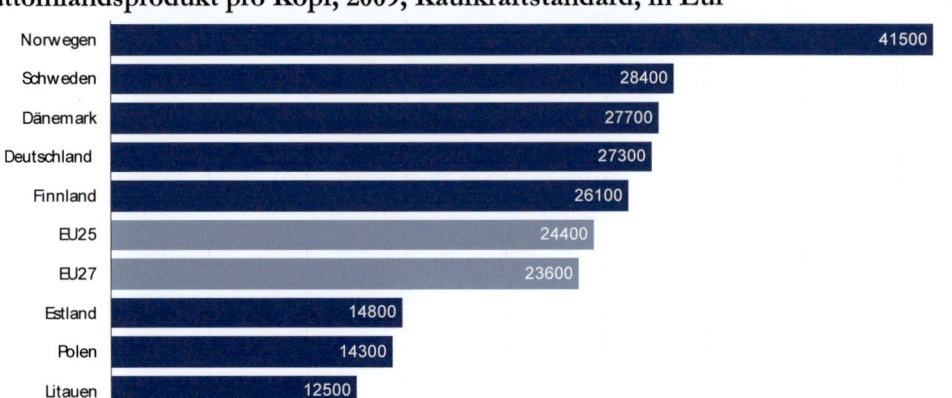

Quelle: EUROSTAT (2010); Darstellung HWWI.

Gleichzeitig ist die Entwicklung im Ostseeraum von einem Abbau der Disparitäten zwischen Ost und West gekennzeichnet. Die Ökonomien der neuen EU-Länder konvergieren gegen das höhere Entwicklungsniveau und den höheren Lebensstandard der westlichen Ostseeanrainer. Gegenwärtig ist das Wachstum innerhalb der relativ jungen EU-Länder sehr unterschiedlich. Die hohen Wachstumsraten werden überwiegend von den Metropolregionen – insbesondere den Hauptstadtregionen – dominiert. Die Konvergenzprozesse werden weiter voranschreiten und die Einkommensunterschiede zwischen den „relativ reichen" und den „relativ armen" Ostseeanrainern im Zeitablauf weiter abnehmen. Bis zum Jahr 2030 steigt das reale Bruttoinlandsprodukt pro Kopf voraussichtlich in den östlichen Ostseeanrainerstaaten stärker an als in den westlichen Ostseeanrainern. Dennoch werden die Unterschiede im Pro-Kopf-Einkommen zwischen den Ländern im Ostseeraum auch im Jahr 2030 noch erheblich sein.

**BIP, Prognose 2006-2030, durchschnittliche reale Wachstumsrate pro Jahr in %**

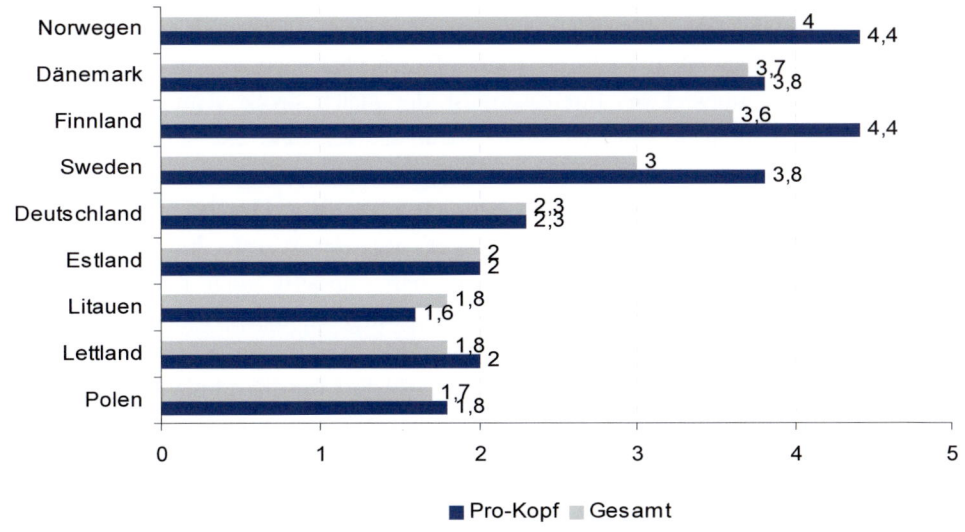

Quelle: FOOD AND AGRICULTURE ORGANISATION (FAO): World Agriculture: towards 2015/2030 Summary Report, Food and Agriculture Organisation of the United Nation, Rom 2002.

**Pro-Kopf-Einkommen,**          **KKS,**          **2006**          **und**
**2030**

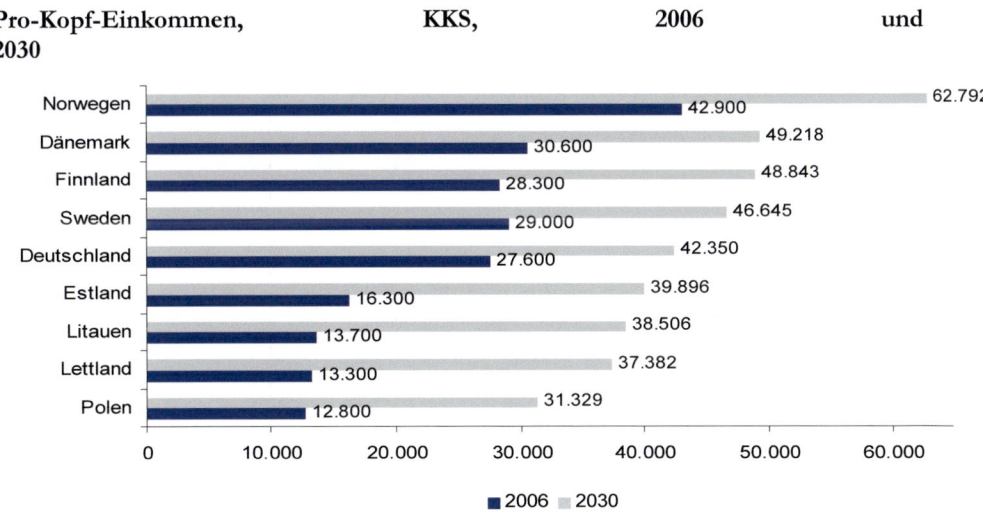

Quelle: FAO: Report und EUROSTAT: Datensätze; Berechnungen HWWI.

## Wirtschaftsstruktur

Gerade die skandinavischen Länder Norwegen, Dänemark und Schweden haben einen über dem EU15- und EU25-Durchschnitt liegenden Anteil am Dienstleistungssektor. Interessant ist der gleich große Anteil an der Land- und Forstwirtschaft in Finnland und Estland mit 2,7 bzw. 2,6 % im Jahre 2009. Polen, Litauen und Lettland haben im Vergleich den größten Anteil in der Land- und Forstwirtschaft, welcher noch deutlich über dem Durchschnitt der EU25 liegt. Insgesamt lässt sich hieraus schließen, dass der Wandel hin zur Dienstleistungsgesellschaft in den postkommunistischen Ländern noch nicht beendet ist. Die zukünftige Entwicklung der neuen EU-Mitgliedsstaaten in der Ostsee wird u. a. davon abhängen, mit welcher Geschwindigkeit der Prozess hin zur Dienstleistungsgesellschaft vollzogen wird und in welche Produktnischen sich diese neuen Unternehmen hineinbegeben.

# Wirtschaftsstruktur der Ostseeländer im Jahre 2009, in %

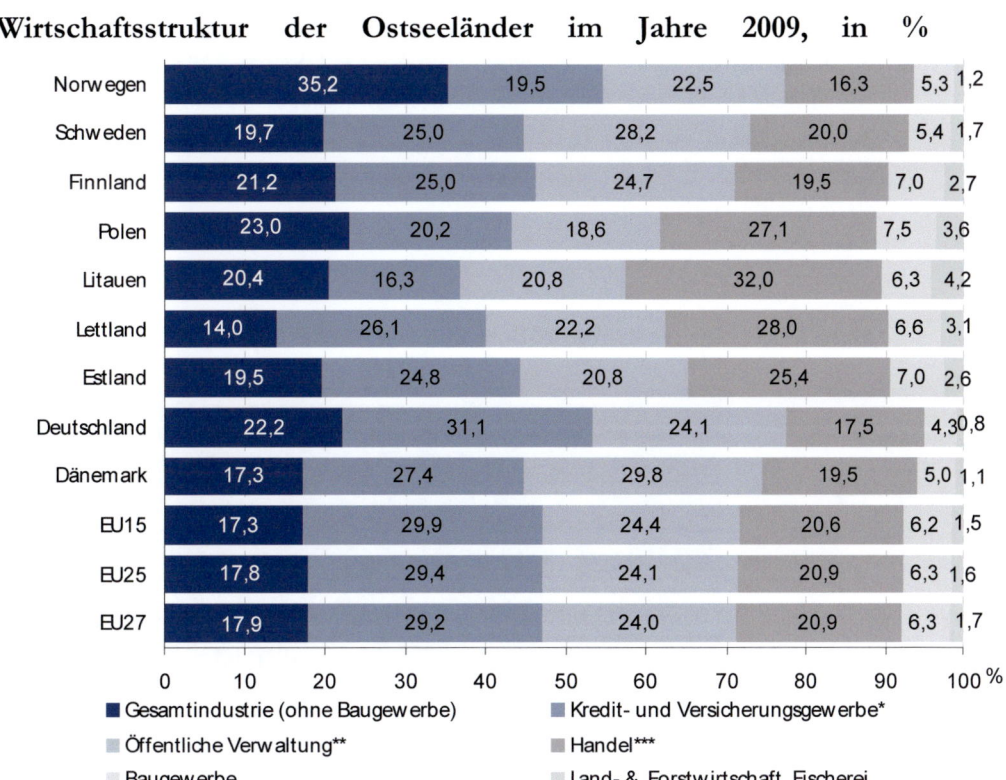

| Land | Gesamtindustrie (ohne Baugewerbe) | Kredit- und Versicherungsgewerbe* | Öffentliche Verwaltung** | Handel*** | Baugewerbe | Land- & Forstwirtschaft, Fischerei |
|---|---|---|---|---|---|---|
| Norwegen | 35,2 | 19,5 | 22,5 | 16,3 | 5,3 | 1,2 |
| Schweden | 19,7 | 25,0 | 28,2 | 20,0 | 5,4 | 1,7 |
| Finnland | 21,2 | 25,0 | 24,7 | 19,5 | 7,0 | 2,7 |
| Polen | 23,0 | 20,2 | 18,6 | 27,1 | 7,5 | 3,6 |
| Litauen | 20,4 | 16,3 | 20,8 | 32,0 | 6,3 | 4,2 |
| Lettland | 14,0 | 26,1 | 22,2 | 28,0 | 6,6 | 3,1 |
| Estland | 19,5 | 24,8 | 20,8 | 25,4 | 7,0 | 2,6 |
| Deutschland | 22,2 | 31,1 | 24,1 | 17,5 | 4,3 | 0,8 |
| Dänemark | 17,3 | 27,4 | 29,8 | 19,5 | 5,0 | 1,1 |
| EU15 | 17,3 | 29,9 | 24,4 | 20,6 | 6,2 | 1,5 |
| EU25 | 17,8 | 29,4 | 24,1 | 20,9 | 6,3 | 1,6 |
| EU27 | 17,9 | 29,2 | 24,0 | 20,9 | 6,3 | 1,7 |

■ Gesamtindustrie (ohne Baugewerbe)  ■ Kredit- und Versicherungsgewerbe*
■ Öffentliche Verwaltung**  ■ Handel***
  Baugewerbe    Land- & Forstwirtschaft, Fischerei

*Kredit- und Versicherungsgewerbe; Grundstücks- und Wohnungswesen, Vermietung beweglicher Sachen, Erbringung von Dienstleistungen überwiegend für Unternehmen
**Öffentliche Verwaltung, Verteidigung, Sozialversicherung; Erziehung und Unterricht; Gesundheitswesen, Veterinär- und Sozialwesen; Erbringung von sonstigen öffentlichen und persönlichen Dienstleistungen; Private Haushalte
***Handel, Instandhaltung und Reparatur von Kraftfahrzeugen und Gebrauchsgütern; Gastgewerbe; Verkehr und Nachrichtenübermittlung
Quelle: EUROSTAT (2010); Darstellung HWWI.

## Kleine und mittlere Unternehmen

KMU haben einen großen Anteil an der Gesamtwirtschaft und Beschäftigung in Europa. Dabei sind 99 % aller Betriebe in der Europäischen Union kleine und mittlere Unternehmen; sie stellen etwa zwei Drittel aller Arbeitsplätze der privaten Wirtschaft in Europa. Ein Unternehmen in der EU beschäftigt durchschnittlich 6,4

Personen. Kleinstunternehmen (1 - 9 Mitarbeiter) sind die vorherrschende Betriebsform in Ländern wie Polen (96 %) und Schweden (94 %), während der Anteil der kleinen und mittelgroßen Unternehmen (10 - 250 Mitarbeiter) in Estland in Deutschland und in Lettland relativ groß ist. In einigen Branchen wie dem Textilsektor, dem Baugewerbe und der Möbelindustrie stellen KMU mehr als über 80 % der Beschäftigten.

## Verteilung der Betriebsgrößen in der Ostseeregion, 2008, in %

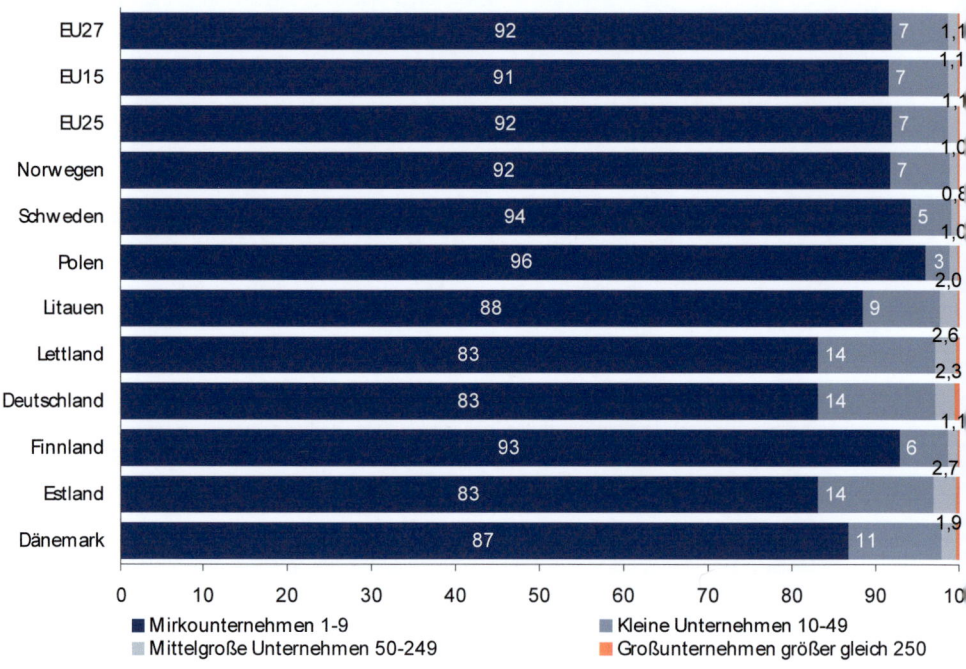

Quelle: EC (2009): European SME's under pressure: Annual Report on EU Small and Medium - Sized Enterprises 2009; Berechnungen HWWI.

Auffällig ist, dass gerade in den kleinen Ländern wie den drei baltischen Staaten und Dänemark die durchschnittliche Unternehmensgröße über dem EU15- und EU25-Durchschnittsniveau liegt. Hingegen hat Polen eine unterdurchschnittliche Größenstruktur in Relation zur EU15 und EU25.

## Durchschnittliche Größenstruktur der Unternehmen im Jahre 2008, in %

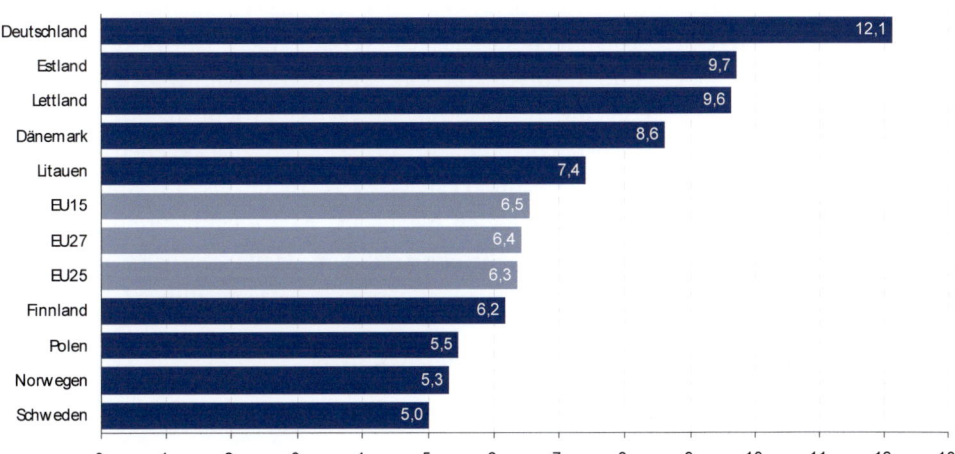

Quelle: EC (2009): European SME's under pressure: Annual Report on EU Small and Medium - Sized Enterprises 2009; Berechnungen HWWI.

## Bevölkerung

Menschen und ihr Wissen sind die zentralen Produktionsfaktoren. Deshalb kommt der demographischen Entwicklung eine wichtige Bedeutung für die Zukunftsaussichten der Ostseeregion zu. Die demographische Entwicklung hat in der jüngeren Vergangenheit erheblich zwischen den Ländern im Ostseeraum variiert. Ausgeprägten Bevölkerungsverlusten im östlichen Teil dieser Region standen Bevölkerungszuwächse im westlichen Teil gegenüber. Diese räumliche Differenzierung trifft ebenso auf die Entwicklung der Erwerbsbevölkerung zu. Während sich die Erwerbsbevölkerung in Norwegen, Dänemark, Finnland und Schweden seit 1995 positiv entwickelt hat, führte eine starke Nettoabwanderung seit 1990 zu einem enormen Rückgang der Erwerbsbevölkerung in Polen und im Baltikum.

Die künftige demographische Entwicklung im Ostseeraum wird von einem Bevölkerungsrückgang bei gleichzeitiger Alterung der Bevölkerung geprägt sein.

57

Ursächlich hierfür sind anhaltend niedrige Geburtenziffern, eine kontinuierlich steigende Lebenserwartung und Abwanderungstendenzen.

Eine Bevölkerungsvorausschätzung von EUROSTAT für den Zeitraum bis 2030 weist auf einen verstärkenden negativ verlaufenden Entwicklungstrend für das Baltikum, Polen und Deutschland hin. Für Schweden, Dänemark und Finnland werden hingegen leichte Bevölkerungszuwächse prognostiziert. Gleichzeitig wird allerdings die Erwerbsbevölkerung im Ostseeraum zurückgehen. Die Bevölkerung geht bis 2030 um insgesamt 11,6 %, was mehr als 11 Millionen Menschen entspricht, zurück. Der steigenden Nachfrage nach qualifizierten Arbeitskräften im Zuge des fortschreitenden Strukturwandels steht deshalb ein demografisch bedingter Rückgang des Erwerbspersonenpotenzials gegenüber.

**Bevölkerungswachstum, 1998 bis 2008, in %**

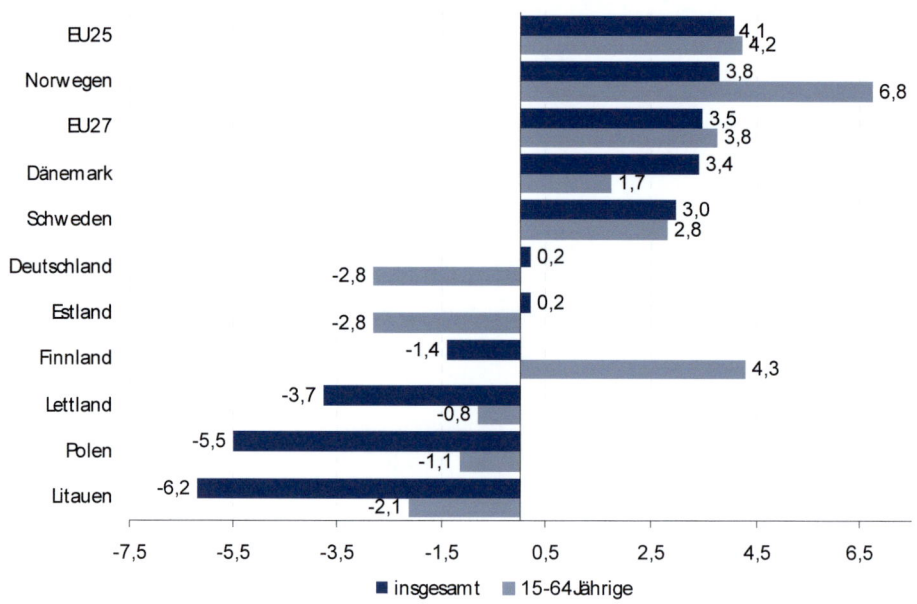

Quelle: EUROSTAT (2010); Berechnungen HWWI

**Bevölkerungswachstum, Prognose 2006-2030, in %**

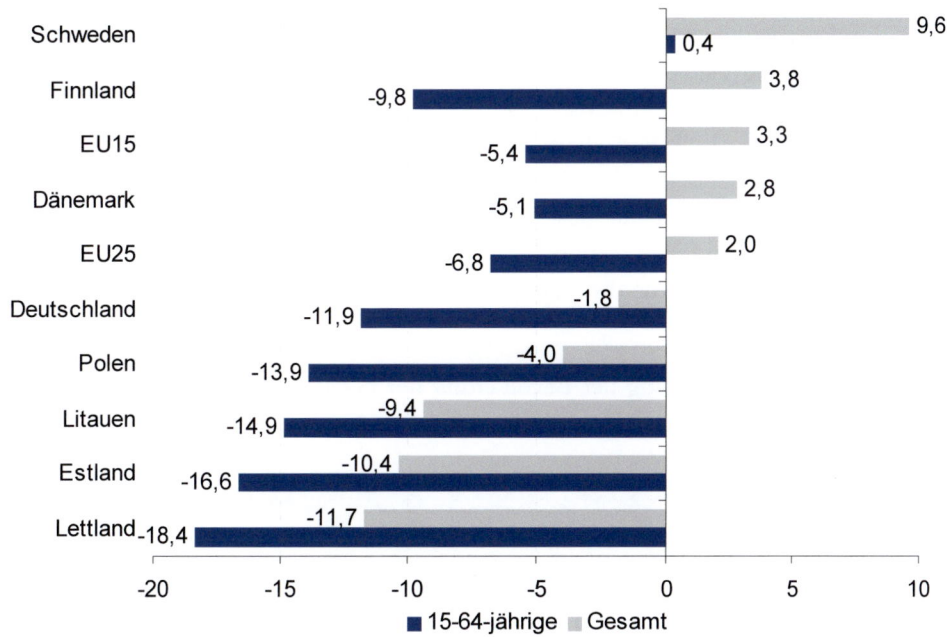

Quelle: EUROSTAT: Datensätze

Gleichzeitig werden die Arbeitskräfte in allen Ländern des Ostseeraums altern: immer mehr Erwerbspersonen werden älter als 45 Jahre sein, während die Zahl der Menschen, die neu ins Berufsleben einsteigen, drastisch zurückgehen wird. Aufgrund dieser Entwicklungstendenzen ist ein Fachkräftemängel – insbesondere im Handwerk – zu erwarten, der sich schon jetzt in zahlreichen Wirtschaftsbereichen abzeichnet. Es entsteht ein erheblicher Wettbewerb um Fachkräfte und Jugendliche zwischen den einzelnen Marktteilnehmern und Ländern/Regionen. Auch ein altersbedingter Rückgang der Risikobereitschaft und der beruflichen sowie regionalen und überregionalen Mobilität der Erwerbspersonen könnte sich nachteilig auf die wirtschaftliche Dynamik und die Fähigkeit zum wirtschaftlichen Strukturwandel auswirken.

## Wissensökonomie

Angesichts des fortschreitenden Strukturwandels hin zu wissensintensiven Dienstleistungen und Industrien nimmt die Bedeutung von Bildung, Wissenschaft, Forschung und Technologie für den wirtschaftlichen Erfolg weiter zu. Neue Technologien, qualifizierte Arbeitskräfte und eine ausgeprägte Innovationsfähigkeit stellen für Volkswirtschaften wesentliche Voraussetzungen für wirtschaftliches Wachstum und den Erhalt ihrer Wettbewerbsfähigkeit dar. Dies wird erhebliche Konsequenzen für die Gesellschaft haben: in einer zunehmend technisierten Welt, die von rasanten Innovationsprozessen geprägt sein wird, steigen die Anforderungen an die Qualifikation der Bevölkerung und ihrer beruflichen Mobilität.

**Anteil Tertiärbildung der Bevölkerung der 15-64 Jährigen und der 25-64 Jährigen in 2009**

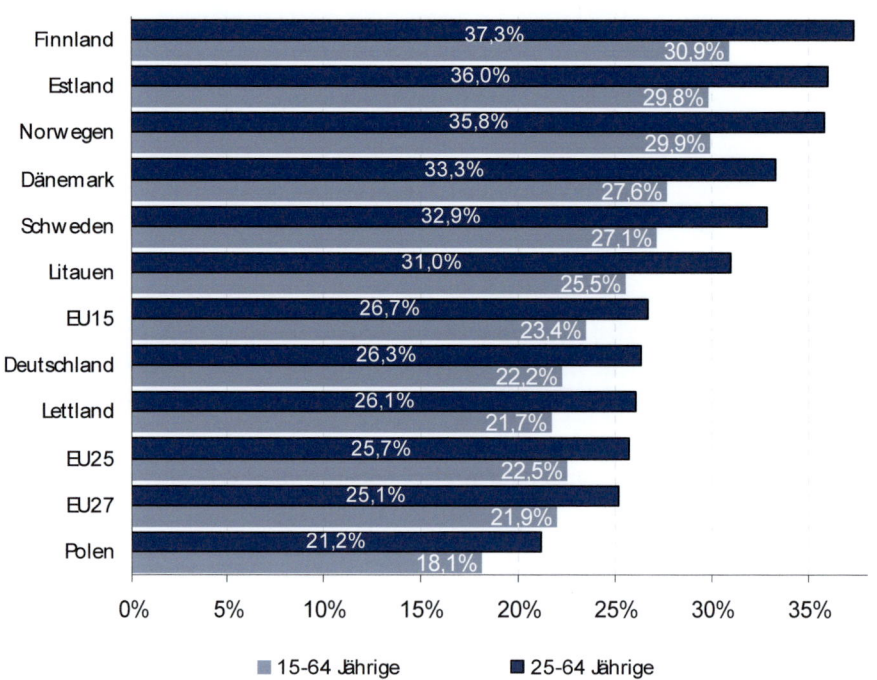

Quelle: EUROSTAT (2010); Berechnungen HWWI.

60

Weil der Trend zur wachsenden Bedeutung von wissensintensiven Dienstleistungen und Industrien mit steigendem Bedarf an qualifizierten Arbeitskräften einhergehen wird, ist „Wissen" die entscheidende Zukunftsressource. Im europaweiten Vergleich ist die Ausstattung mit Humankapital im Ostseeraum überdurchschnittlich gut, sodass im Bereich der Wissensökonomie erhebliche Entwicklungspotenziale in dieser Region bestehen.

Die relative gute Ausstattung mit qualifizierten Arbeitskräften und Spezialisierungen in wissensintensiven Wirtschaftsbereichen spiegelt sich in der internationalen Innovationsfähigkeit dieser Unternehmen wider. Allerdings beziehen kleine und mittelständische Unternehmen des Handwerks ihren Unternehmernachwuchs überwiegend aus der beruflichen Aus- und Weiterbildung. Diese Ausbildungsform verliert aber in vielen Ostseeanrainerländern stark an Attraktivität, sodass sich ein Nachwuchsproblem einstellen wird. Gerade auch für das Handwerk ist die Innovationsfähigkeit – vor allem von Produktionsinnovationen – ein wichtiger Faktor für Wettbewerbsfähigkeit. In Wissensökonomien sind Forschungs- und Entwicklungsausgaben wichtig für die zukünftige Entwicklung, wobei für das Handwerk gerade die inkrementellen Produkt- und Prozessinnovationen wichtiger sind. Diese Form der Innovation findet vor allem durch die Diffusion von Wissen statt, welches am besten durch mobile Arbeitskräfte transferiert wird, da es sich gerade im Handwerk oft um personengebundenes (implizites) Wissen handelt. Implizites Wissen stellt somit nicht-kodifizierbares Wissen dar, welches nicht explizit formulierbar ist. So lässt sich beispielsweise die Intarsien-Technik kodifizieren, aber die Erfahrungen eines Tischlers mit diesen Kenntnissen lassen sich nur durch die berufliche Mobilität zwischen zwei Unternehmen verbreiten. Spezielles Wissen kann weiterverbreitet werden durch Arbeitskräftemobilität, neu kombiniert und dadurch regionale Entwicklungshemmnisse überwunden werden.

Für die Zukunft ist zu erwarten, dass sich das „West-Ost-Gefälle" der Innovationsfähigkeit und des Beitrages der Wissenswirtschaft zur wirtschaftlichen Entwicklung zwischen den Ostseeanrainern reduzieren wird. Im Zuge der Aufholprozesse der Baltischen Staaten und Polens werden die Forschungs- und Entwicklungskapazitäten dieser Länder expandieren. Diese Ökonomien werden dabei von ihrer räumlichen Nähe zu führenden Wissensländern – wie Finnland und Schweden – profitieren. Denn die Übertragung von Wissen-Spillovers und Informationen ist distanzabhängig. Je geringer die räumliche Distanz zwischen

Ländern ist, desto höher sind ihre räumlichen Entwicklungsabhängigkeiten. Eine wichtige Rolle für die Übertragung von Wissen – auch über Ländergrenzen hinweg – spielen „Face-to-Face-Kontakte" und die grenzüberschreitende Mobilität von Arbeitskräften, deren Intensivierung im Zuge des anstehenden weiteren Abbaus von Mobilitätshemmnissen zu erwarten ist.

**Anteil der Befragten, die erwarten, innerhalb der nächsten fünf Jahre in ein anderes EU Land umzuziehen, 2005, in %**

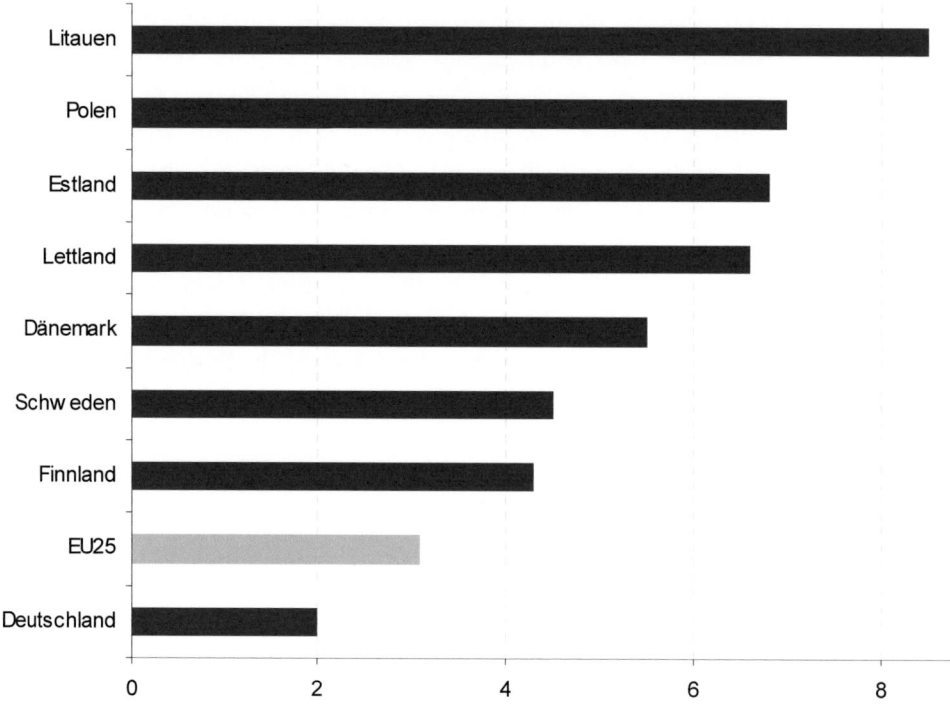

Quelle: Tom VANDENBRANDE (Hrsg.) (2006): Mobility in Europe: Analysis of the 2005 Eurobarometer survey on geographical and labour market mobility, European Foundation for the Improvement of Living and Working Conditions, Dublin.

Die Arbeitsmarktintegration in der EU ist nach wie vor durch Grenzhemmnisse zwischen den Ländern, welche die Mobilität des Faktors Arbeit behindern, geprägt. Auch die Ostseeregion ist trotz EU-Mitgliedschaft der meisten Ostseeanrainer nach wie vor durch gravierende Mobilitätshemmnisse für grenzüberschreitende

Arbeitsmarktintegration gekennzeichnet. Angesichts des demographischen Wandels und der Gefahr eines hieraus resultierenden Fachkräftemangels in vielen europäischen Ländern kommt der grenzüberschreitenden Arbeitsmarktintegration ein bedeutendes Gewicht zu, um die Entwicklungspotenziale von Wirtschaftsregionen zu stärken. Dies gilt auch für den Ostseeraum.

# Liste der Herausforderungen und Chancen

1. Die Rahmenbedingungen begünstigen künftig eher die Entwicklung kleiner und mittlerer Unternehmen, die optimale Betriebsgröße verlagert sich nach unten. Zur Nutzung der damit verbundenen Chancen zum Wohle Aller bedarf die mittelständische Wirtschaft jedoch einer umfassenden Förderung.

2. Ein tief greifender Strukturwandel stellt die kleinen und mittleren Unternehmen vor großen Herausforderungen. Die Globalisierung verlangt insbesondere Schnelligkeit und Flexibilität; KMU sind grundsätzlich sehr schnell und flexibel. Viele Handwerksbetriebe nutzen aber noch nicht ausreichend ihre Potenziale, sind tatsächlich noch zu langsam und zu wenig innovativ, „nur" etwa 20 % sind wirklich „Spitze". Die mittelständischen Unternehmen in den neuen EU-Ländern sind vielfach hungriger, schneller, innovativer und dynamischer. Zur Ausschöpfung aller Potenziale und zur Bewältigung des Strukturwandels benötigt die mittelständische Wirtschaft gezielte Hilfen, die die aktuellen Problemlagen mildern, die notwendigen Anpassungen erleichtern und auf die mittel- und längerfristigen Chancen gezielt ausgerichtet sind.

3. Als stabiler Gegentrend zur Globalisierung bilden sich immer stärker Regionalisierungen und Dezentralisierungen heraus. Davon kann der Ostseeraum als große Wirtschaftsregion mit den unterschiedlichen Kulturen, Stärken und Potenzialen seiner Teilregionen in besonderem Maße profitieren. Eine auf die spezifischen Stärken ausgerichtete Kooperation der Teilregionen fördert optimal die kleinräumige wie die großräumige Entwicklung und internationale Wettbewerbsfähigkeit des Ostseegebietes.

4. Die kulturelle Vielfalt des Ostseeraumes und die Verschiedenartigkeit der einzelnen Ländern und Regionen sind eine große Chance. Unterschiedliche Erfahrungen und Kulturen bewirken Innovationen und bieten Gelegenheit zum Lernen voneinander. Die Neugestaltung in den mittel- und osteuropäischen Ländern bewirkt große Dynamik und vielfältige Innovationen. Die gemeinsame

63

Geschichte der historischen Hanse bildet ein festes Fundament für eine mutige Zukunftsgestaltung. Unterschiedliche Kulturen sind ein Gewinn, können verkrustete Strukturen aufbrechen und Innovationsschübe bewirken; regionale Identitäten und Kulturen müssen deshalb gestärkt werden.

5.   Die EU-Osterweiterung um Polen, Litauen, Lettland und Estland ist ein ausgeprägter Gewinn für den gesamten Ostseeraum und eröffnet neue Perspektiven. Die Zusammenarbeit mit dem Nicht-EU-Land Norwegen ist bereits sehr intensiv. Auch die Kooperation mit Russland ist von herausragender Bedeutung und bedarf der weiteren Intensivierung. Dabei können die Entwicklungswege und der erreichte Stand in den alten EU-Ländern kein Maßstab für die ehemaligen „Transformationsländern" darstellen. Ziel muss es vielmehr sein, spezifische Stärken zu fördern, eigenständige Wege zu eröffnen und durch intensive Kooperationen den gesamten Ostseeraum gemeinsam zum Wohle aller beteiligten Länder zu einer leistungsstarken Region mit Weltgeltung zu entwickeln.

6.   Jede Wirtschaftsregion hat spezifische Stärken und Schwächen. Ziel kann nicht Nivellierung und Gleichschaltung sein, sondern eine gezielte Entwicklung und kooperative Nutzung spezifischer Stärken sowie eine Aktivierung der Antriebskräfte, die aus Unterschieden erwachsen können. Auch die Unterschiede in der Höhe der Arbeitskosten zwischen Ost und West werden noch länger bestehen. Aber es gibt weltweit immer jemanden, der noch billiger ist. Es besteht nur eine Alternative: Besser, schneller und innovativer sein, höchste Qualität liefern, komplexe Problemlösungen bieten und durch Gemeinsamkeit stark werden.

7.   Es gibt keine Alternative zu offenen Märkten. Wer sich abschottet, wird verlieren! Die einzelnen Wirtschaftsregionen haben historisch immer durch größere, offene Märkte gewonnen. Industrie und Außenhandel profitieren insbesondere. Das Handwerk profitiert im Inland von einer starken Wirtschaft und von zunehmenden Auslagerungen aus größeren, international tätigen Unternehmen sowie als Mitunternehmer auf Auslandsmärkten. Öffnung und Export können jedoch keine Einbahnstraße sein.

8.   Die Meisterung der Zukunft verlangt intensive Kooperationen: „Links sind wichtiger als Produkte". Informationstechnologien kommen als Problemlöser wie gerufen. Kooperationen bündeln Stärken, bewahren jedoch

Selbstständigkeit. Gefragt sind Vertrauens- und Kooperationsmanagement. Erfolgreiche Unternehmens- und Kooperationskulturen müssen auf Stärken ausgerichtet sein, umfassend die Menschen einbinden und das kreative Potenzial aller Köpfe nutzen. KMU benötigen allerdings spezifische Hilfen für den Aufbau grenzüberschreitender Tätigkeiten sowie zur Nutzung der Chancen und Minimierung der Risiken. Hier sind die Wirtschaftsorganisationen sowie Politik und Verwaltung in besonderem Maße gefordert.

9.  Neue und zusätzliche Arbeitsplätze sind in den vergangenen 20 Jahren fast ausschließlich nur noch in kleinen und mittleren Unternehmen entstanden. Dieser Trend wird sich künftig noch deutlich verstärken. Insbesondere in den unteren Betriebsgrößen und durch Existenzgründungen ergeben sich große Potenziale zum Wachstum der Beschäftigung. Unter besonderen Druck geraten dagegen in fast allen Ostseeanrainerländern die mittleren Betriebsgrößen. Die Entwicklung von kleineren zu größeren Betriebseinheiten, die Wiederbelebung von mittelständischen Manufakturen und die Stärkung mittlerer Betriebseinheiten versprechen gute Wachstumschancen. Erforderlich sind aber politische Rahmenbedingungen und Förderungen, die auf die unterschiedlichen Belange der verschiedenen Größenklassen der mittelständischen Wirtschaft ausgerichtet sind.

10. Kleine und mittlere Unternehmen sind das Rückgrat der Wirtschaft. Zugleich stabilisieren sie die gesellschaftliche Entwicklung. Sie sind in ihrer Region verankert, können die Möglichkeiten der internationalen Zusammenarbeit nutzen, stärken ihren Standort – ohne Arbeitsplätze ins Ausland zu verlagern. Die Wirtschaft des Ostseeraumes wird besonders von kleinen und mittleren Unternehmen geprägt, die rund 99 % aller Betriebe und rund 70 % aller Arbeitsplätze stellen. Über eine leistungsfähige mittelständische Wirtschaft erhält der Ostseeraum herausragende Möglichkeiten zur wirtschaftlichen Stärkung und zur Meisterung des internationalen Wettbewerbs. Der Ostseeraum hat die besten Aussichten, sich zu einer innovativen, wirtschaftsstarken Region mit Weltgeltung zu entwickeln.

11. Der Ostseeraum verfügt über herausragende Potenziale in der Wissensökonomie, in der universitären Ausbildung sowie in Forschung und Entwicklung. Besonders in kleinen und mittleren Unternehmen sind die Mitarbeiter das wichtigste Kapital. Hier zeichnen sich aber für die Zukunft große Engpässe ab. Die Sicherung des Nachwuchses an Unternehmern, Fach- und Führungskräften sowie hohe Innovationen werden für die kleinen und

mittleren Unternehmen zur entscheidenden Überlebensfrage und sind damit die allerwichtigste Förderaufgabe für Mittelstand und Handwerk.

12. Herausragende Qualifizierungen auf breiter Ebene sind die alles entscheidende Voraussetzung für dauerhaften wirtschaftlichen Erfolg. Die kleinen und mittleren Unternehmen haben national sowie im internationalen Wettbewerb nur Chancen bei größter Innovationskraft und auf oberster Qualitätsebene. Beides verlangt beste Qualifizierungen. Hier bestehen bereits heute deutliche Defizite, die sich künftig noch erheblich vergrößern werden und damit Wachstum und Innovationen entscheidend begrenzen. Folgende Entwicklungen zeichnen sich ab:

⇨ Bedingt durch die demographische Entwicklung geht in fast allen EU-Ländern die Zahl der Schulabgänger massiv zurück. Es kommt zu einem zunehmenden Wettbewerb zwischen Hochschulausbildung und beruflicher Ausbildung sowie innerhalb der Wirtschaft um gut ausgebildete Fach- und Führungskräfte. Handwerk und Mittelstand sind bislang Verlierer dieses Wettbewerbs um Nachwuchskräfte und werden es auch ohne weit reichende Verbesserungen bleiben.

⇨ In vielen Ländern weist das Qualifizierungsniveau der Schulabgänger deutliche Defizite auf. Die Qualifikationsanforderungen der Wirtschaft sind jedoch hoch und wachsend. Das Handwerk erhält aber zunehmend Nachwuchs nur noch aus den untersten Qualifikationsebenen. Gemessen an den hohen Anforderungen und Notwendigkeiten ergibt sich zunehmend ein ausgeprägtes Qualifikationsdefizit.

⇨ Der Anteil der Schulabgänger, die eine berufliche Ausbildung wählen, geht laufend zurück und ist in einzelnen Ostseeländern bereits auf ein sehr niedriges Niveau abgesunken. Gleichzeitig nimmt die Anzahl der aus Altersgründen ausscheidenden Beschäftigten laufend zu. In einzelnen Ländern und Regionen wird diese Problematik deutlich verschärft durch Abwanderungen insbesondere der besten Arbeitskräfte, und es entsteht ein immer größeres Defizit an qualifizierten Fachkräften.

⇨ Besonders groß sind die quantitativen und qualitativen Engpässe für die kleinen und mittleren Unternehmen im Bereich des Nachwuchses an Führungskräften und Unternehmern. Eine ausgeprägte Unternehmerlücke ist bereits aktuell vorhanden und wird sich künftig erheblich verschärfen.

⇨ Die Anforderungen an die Unternehmensführung sind hoch und nehmen ständig weiter zu. Vor dem Hintergrund der Globalisierung und der EU sind zunehmend auch internationale Kenntnisse und Erfahrungen gefragt.

Unternehmer und Führungskräfte in KMU müssen sowohl über eine gute berufliche Ausbildung und praktische Erfahrung als auch über eine fundierte theoretische Qualifizierung verfügen.

⇨ Bislang bezogen KMU ihren Unternehmer-, Führungs- und Fachkräfte-Nachwuchs überwiegend über die berufliche Aus- und Weiterbildung. Derartige Ausbildungswege verlieren aber in vielen Ostseeanrainerländern stark an Attraktivität. Die Jugendlichen bevorzugen immer stärker ein Hochschul- und Universitätsstudium. Da die Studiengänge überwiegend theoretisch ausgerichtet sind und die Praxisbelange insbesondere der KMU weit gehend vernachlässigen, kann aus den hohen Studentenzahlen auch nicht ausreichend der geeignete Unternehmer- und Führungsnachwuchs gewonnen werden. Die Förderung des Unternehmertums und die qualifizierte Ausbildung zum Unternehmer werden zunehmend zum entscheidenden Engpassfaktor. Ansätze zur Beseitigung dieses Engpasses müssen zugleich die wichtige Aufgabe der Förderung von Innovationen in Handwerk und Mittelstand verfolge

13. Hinsichtlich flexibler und zugleich sicherer Gestaltung einer Arbeitswelt mit hoher Produktivität bestehen im Ostseeraum ausgeprägte nationale Unterschiede, die gute Chancen zur intensiven Förderung des Lernens voneinander bieten. Gefördert werden müssen neue Formen der innerbetrieblichen Kooperation mit einer Verbesserung des Managements insbesondere auch für Krisenzeiten. Personal- und Organisations-Entwicklung müssen als wichtigstes Innovationsfeld für die Wirtschaft des Ostseeraumes erkannt und intensiv gefördert werden. Damit können nicht nur ausgeprägte Produktivitätsreserven ausgeschöpft, sondern zugleich auch Innovationspotenziale auf breiter Basis geweckt und herausragende Wege zur Meisterung von Krisenzeiten eröffnet werden.

14. Kooperationen haben eine hohe und weiterhin wachsende Bedeutung. Der Ostseeraum erscheint aber zunehmend überorganisiert. Eine große Fülle von Netzwerken, Fördereinrichtungen und grenzüberschreitenden Institutionen erzeugt einen hohen Zeit- und Kostenaufwand für Koordinierung und laufenden Austausch. Dies stellt insbesondere die kleinen und mittleren Unternehmen vor Problemen, die einen einheitlichen Ansprechpartner und Dienstleistungen aus einer Hand benötigen. Für die mittelständische Wirtschaft sollte eine Konzentration auf die Entwicklung weniger Netzwerke mit einer besseren Abstimmung untereinander erfolgen.

15. Für die mittelständische Wirtschaft generell und für den Ostseeraum speziell ergeben sich grundsätzlich mittel- und längerfristig herausragende Zukunftschancen, die allerdings von Politik und Verwaltung auf allen Handlungsebenen nicht ausreichend wahrgenommen, genutzt und gefördert werden. Die Ergebnisse einer Umfrage des Hanse-Parlaments in allen Ostseeanrainerländern stehen teilweise konträr zu den ausgeprägten Möglichkeiten:

⇨ 40 % der Kammern und Verbände der mittelständischen Wirtschaft stellen fest, dass die Zusammenarbeit im Rahmen der Wirtschaftsförderung auf kommunaler und regionaler Ebene nicht ausreichend ist.

⇨ Von den Mitgliedern des Hanse-Parlaments sagen 60 %, dass die mittelständische Wirtschaft von der Politik nicht ausreichend wahrgenommen wird; 75 % beklagen eine fehlende politische Unterstützung.

⇨ Eine unzureichende Unterstützung der kleinen und mittleren Unternehmen durch die Verwaltungen stellen 75% der Kammern und Verbände fest.

⇨ Durchgängig in allen politischen Handlungsfeldern urteilen mehr als 3/4 der Vertreter der mittelständischen Wirtschaft, dass die politischen Rahmenbedingungen und die Gesetzgebung für die Weiterentwicklung des Mittelstands ihrer Region nicht förderlich sind.

16. Kleine und mittlere Unternehmen rufen nicht vorschnell nach dem Staat. Sie sind es gewohnt, eigenverantwortlich zu handeln, ihr Schicksal selbst in die Hand zu nehmen und werden auch künftig mit größten Kraftanstrengungen ihre Chancen nutzen. An die sich dynamisch ändernden ökonomischen Rahmenbedingungen müssen die Unternehmen sich schnell und flexibel anpassen und versuchen, diese durch ihr innovatives Handeln in ihre Richtungen zu lenken. Im Interesse des Gemeinwohls bedarf die mittelständische Wirtschaft jedoch politischer Rahmenbedingungen und Förderungen, die ihnen eine Nutzung der Chancen erlaubt und erleichtert

17. Handwerk und übriger Mittelstand haben die internationale Finanzkrise und weltweite Wirtschaftsrezession vergleichbar gut durchstanden, sind daraus teilweise sogar gestärkt hervor gegangen. Sie haben sich gerade in diesen Krisenzeiten als zentrale Stabilisatoren der Wirtschaft und Gesellschaft erneut bewiesen. Anders als Großunternehmen haben die kleinen und mittleren Unternehmen nicht

vorzugsweise mit Entlassungen reagiert, sondern das Personal – ihr wertvollstes Unternehmenskapital - so lange wie eben möglich weiterbeschäftigt. Diese enormen Stabilisierungen und das wirkungsvollen Krisenmanagement sollten Politiker und Verwaltungen auf allen Ebenen Anlass geben, Rahmenbedingungen und Förderungen zu Gunsten der mittelständischen Wirtschaft zu gestalten und damit nachhaltiges Wachstum sowie die beste Vorsorge für künftige Krisen zu schaffen. Auch die Kreditwirtschaft muss erkennen, dass ihre Spekulationen auf den Kapitalmärkten zu unvorstellbaren Milliardenverlusten geführt haben, dagegen Kredite an die mittelständische Wirtschaft das geringste Risiko aufweisen und deshalb künftig bevorzugte Kapitalanlage sein müssen.

# Kapitel 3
# Entwicklung von Handwerk und Mittelstand

## Ostsee-Wirtschaft 2020

Die mittelständische Wirtschaft des Ostseeraumes verfügt über das Potenzial, bis zum Jahr 2020 folgende Ziele zu erreichen:

⇨ Der Ostseeraum zählt zu den drei innovativsten und leistungsstärksten Regionen mit Weltgeltung

⇨ Maßgeblicher Träger und Gestalter dieser bedeutungsvollen Entwicklung sind die kleinen und mittleren Unternehmen

⇨ Die mittelständische Wirtschaft durchsteht Krisen viel besser als Großunternehmen und ist entscheidender Stabilisator für Wirtschaft und Gesellschaft

⇨ Neue und zusätzliche Arbeitsplätze werden in erster Linie in kleinen und mittleren Unternehmen geschaffen; besonders stark ist das Wachstum in Betrieben mit weniger als 10 Mitarbeitern

⇨ In allen Ostseeländern Vollbeschäftigung ab den Jahren 2012 – 2014

⇨ Über 80% sämtlicher Arbeitsplätze werden von der mittelständischen Wirtschaft gestellt

⇨ Bei flexiblen Arbeitsmarktstrukturen werden gleichzeitig sichere Arbeitsplätze geschaffen; auch in Krisenzeiten werden in Handwerk und Mittelstand die Mitarbeiter solange wie eben möglich weiterbeschäftigt

⇨ Alle Ostseeländer erreichen höchste Bildungsstandards und schaffen die intensivste Verzahnung zwischen Schulen, Universitäten und Unternehmen

⇨ Der Ostseeraum ist mit weitem Abstand die beliebteste Zielregion für Zuwanderungen von hoch qualifizierten Fach- und Führungskräften

⇨ Die Ostsee-Wirtschaft realisiert eine Ökonomie durch Ökologie und legt auch innerbetrieblich größten Wert auf gesunde Arbeitsplätze, hoher Eigenverantwortung und Sinnfindung im Arbeitsleben

⇨ Vertrauen wird als ökonomisch unabdingbares Prinzip und herausragendes kulturelles Merkmal für die Sicherung von Wohlstand und Wettbewerbsfähigkeit auf breiter Basis gelebt

⇨ Intensive Kooperation zwischen Universitäten, Forschungseinrichtungen und kleinen und mittleren Unternehmen und Realisierung höchster Innovationsraten

⇨ 75% aller neuen Patentanmeldungen kommen aus der mittelständischen Wirtschaft

⇨ Personal- und Organisations-Entwicklung ist mit weitem Abstand das wichtigste Innovationsfeld

⇨ Über innerbetriebliche Kooperationen wird Sozialenergie freigesetzt, deren wirtschaftlichen Wirkungen derart weit reichend sind, dass die damit verbundenen ökonomischen Gewinne größer sind als die internationalen Unterschiede in der Höhe der Arbeitskosten

⇨ Die Wirtschaft des Ostseeraumes erreicht die höchste Produktivität der Welt

⇨ Die Ostsee-Wirtschaft ist weltweit Marktführer bei wichtigen Produkten, insbesondere im Energie-, Umwelt- und Gesundheitsbereich sowie grundsätzlich bei der Lieferung maßgeschneiderten Lösungen

⇨ Da Kredite an kleine und mittlere Unternehmen des Ostseeraumes sicherer sind als in Großunternehmen, werden sie zinsgünstig gestaltet und Kreditinstitute kooperieren eng mit der mittelständischen Wirtschaft

⇨ Das Wirtschaften im Ostseeraum wird geprägt von den Tugenden eines ehrbaren Kaufmanns sowie von Zuverlässigkeit, Innovationskraft, Qualitätsbewusstsein, Schnelligkeit und Flexibilität

⇨ Die Länder und Teilregionen des Ostseeraumes arbeiten uneingeschränkt und vertrauensvoll zusammen und schaffen Win-Win-Situationen sowohl für die einheimische Wirtschaft als auch für den gesamten Raum; auch die Nicht-EU-Länder sind intensiv in die Kooperation eingebunden

⇨ Innerhalb der EU nimmt der Ostseeraum eine beispielgebende Führungsrolle ein

Diese ehrgeizigen, herausragenden Ziele können in den nächsten 10 Jahren erreicht werden, wenn Politik aus kommunaler, regionaler, nationaler und internationaler Ebene die Rahmenbedingungen entsprechend gestaltet und die kleinen und mittleren Unternehmen des Ostseeraumes gezielt fördert. Dies kann wirkungsvoll mit den folgenden Zielen und Strategien verwirklicht werden.

# Politische Ziele und Strategien

## Wettbewerbsfähigkeit

Jegliche Stärkung der Wettbewerbsfähigkeit gemäß der ursprünglichen Lissabon Strategie und nun der Strategie Europa 2020 muss höchste Priorität genießen, intensiv fortgeführt und künftig sehr viel besser auf die spezifischen Bedingungen der kleinen und mittleren Unternehmen ausgerichtet werden. Vordringlich sind Förde-rungen der Bildung, Innovationen sowie der Qualitätssteigerung und – sicherung von Produkten und Diensten.

Politikgestaltung muss für KMU zuverlässig, kontinuierlich und kalkulierbar sein. Wirtschaftspolitik und Gesetzgebung müssen konsequent auf die spezifischen Belange der mittelständischen Wirtschaft ausgerichtet sein. Falls Großunternehmen andere Lösungen benötigen, sollten diese – die eine Minderheit in der Wirtschaft darstellen – Sonderreglungen erhalten. Sämtliche Gesetze und andere Maßnahmen der politischen Einflussnahme müssen eine fundierte Folgenabschätzung mit monetärer Bewertung der Auswirkungen auf kleine und mittlere Unternehmen enthalten.

Schnelligkeit und Flexibilität sind die herausragenden Stärken kleiner und mittlerer Unternehmen. Sie werden jedoch von einer ausufernden Bürokratie gefesselt und damit dieser, künftig noch viel wichtigeren Stärken beraubt. Außerdem sind kleine und mittlere Unternehmen, die mit sehr geringen Gewinnmargen arbeiten müssen, äußerst kostenempfindlich. Die riesige Bürokratieflut bewirkt aber hohe Kostenbelastungen. Eine umfassende Entbürokratisierung gehört zu den wichtigsten Förderungen für die mittelständische Wirtschaft, die dem Staat zugleich hohe Einsparungen ermöglicht. Vordringlich sind unter anderem

⇨ weit reichende Entbürokratisierungen in allen Bereichen staatlichen Handelns sowie ein „Wettbewerb der Systeme" im Ostseeraum. Bei völlig offenen Grenzen können mittelstandsfreundliche Lösungen in einzelnen Ländern verfestigte Strukturen in anderen Ländern aufbrechen und einen regelrechten Wettbewerb um die besten Politiken bewirken.

⇨ Sonderreglungen und Befreiungen kleiner und mittlerer Unternehmen von bestimmten bürokratischen Auflagen und Vorschriften, z. B. in den Bereichen Statistik, Steuerrecht, Arbeitsrecht, Arbeitsschutz usw.

⇨ Realisierung eines Incentiv-Systems für die Mitarbeiter der Verwaltung, das diejenigen in deutlich spürbarem Umfang finanziell belohnt, die die stärksten bürokratischen Entlastungen für die mittelständische Wirtschaft schaffen.

Einer weitreichenden Entbürokratisierung bedürfen ebenso die EU Förderprogramme. Heute kann keinem kleinen und mittleren Unternehmen empfohlen werden, sich um eine EU Förderung zu bewerben, da der bürokratische Aufwand für Antragstellung, Durchführung und Abrechnung mögliche Erträge weit übersteigt. Dies ist weniger ein Problem der EU Kommission, sondern in erster Linie der Verwaltungen einzelner Länder und nachgeordneter Institutionen, die mit der Abwicklung und Abrechnung der Programme beauftragt sind. Hier überwiegen Absicherungsstrategien, die eine große Fülle von Vorschriften, Bedingungen und Bürokratien erzeugen und keinerlei Interesse an dem Erfolg der Förderung haben. Es muss davon ausgegangen werden, dass aktuell bis zu einem Drittel der Fördergelder für unsinnige bürokratische Auflagen verschwendet werden. Eine Obergrenze von 10% sollte künftig verbindlich vorgeschrieben werden. Kontrollen sollten konsequent auf Steuerberater und Wirtschaftsprüfer verlagert und von einer Input- auf eine Output Kontrolle umgestellt werden.

## Bildung

Der Ostseeraum und seine mittelständische Wirtschaft werden den internationalen Wettbewerb nur mit größter Innovationskraft und höchsten Qualitäten erfolgreich bestehen können. Dies verlangt herausragende Qualifizierungen – sie sind die allerwichtigste Aufgabe der Zukunftssicherung und Wohlstandsmehrung. Der wahre Schatz des Ostseeraumes liegt in den Köpfen der Menschen, in ihrer Kreativität, ihrem Wissen, Können und Engagement.[4]

⇨ Die Allgemeinbildung muss eine deutliche Weiterentwicklung und Leistungssteigerung erfahren; besonders auch die frühkindliche Förderung bedarf einer Intensivierung und Aufwertung. Bildung muss alle geistigen und manuellen Fähigkeiten ansprechen, Faktenwissen und gleichermaßen persönlich-soziale Kompetenzen sowie Unternehmertum vermitteln. Polytechnische Unterrichtselemente können dazu beitragen, dem stark überintellektualisiertem Bildungsideal entgegen zu wirken.

⇨ Die berufliche Ausbildung muss umfassend weiterentwickelt und aufgewertet werden. Der rückläufige und in einzelnen Ländern bereits sehr niedrige Anteil der Jugendlichen, die eine berufliche Ausbildung durchlaufen, ist besorgniserregend. Eine hohe Durchlässigkeit zwischen

---

[4] Wegen der herausragenden Bedeutung wird das Hanse-Parlament ein gesondertes Strategiekonzept „Bildungspolitik" entwickeln und 2011 veröffentlichen. Deshalb werden an dieser Stelle nur zusammenfassend Ziele und Strategien aufgeführt.

akademischer, allgemeiner und beruflicher Qualifizierung, Schaffung von differenzierten Ausbildungsgängen gemäß Leistungsniveau, Stärkung der praktischen Ausbildungsteile, nachhaltige Qualitätssteigerungen sowie intensivere Einbindungen und Zuständigkeiten der Wirtschaft und ihrer Selbstverwaltungen sind vordringlich.

⇨ Die berufliche Weiterbildung findet einmal in den Unternehmen statt und bedarf zum anderen in der mittelständischen Wirtschaft überbetrieblicher Bildungszentren, die im Rahmen der wirtschaftlichen Selbstverwaltung vorgehalten werden müssen. Diese Qualifizierungswege müssen gleichwertig wie akademische Bildungsgänge gesehen und gefördert werden sowie im Rahmen von Modul-Systemen zu international anerkannten Abschlüssen auf hohem Niveau führen.

⇨ Die Förderung der Mobilität und das Sammeln internationaler Erfahrungen bereits während der beruflichen Ausbildung sowie von Fach- und Führungskräften bedürfen einer Intensivierung. Unbürokratische Systeme der Anrechnung und der gegenseitigen Anerkennung von beruflichen Aus- und Weiterbildungsabschlüssen sind dazu eine entscheidende Voraussetzung, fördern die Qualität und schaffen Transparenz.

⇨ Die akademische Qualifizierung muss sich viel intensiver der mittelständischen Wirtschaft zuwenden. Beispielsweise sind Eliteausbildungsgänge mit hohem Praxisanteil (duale Studiengänge) für Unternehmer und Führungskräfte der kleinen und mittleren Unternehmen sowohl im technischen wie im betriebswirtschaftlichen Bereich dringend geboten.

Die Sicherung des Nachwuchses an herausragend qualifizierten Unternehmern, Führungs- und Fachkräften entscheidet über die Zukunft der mittelständischen Wirtschaft im Ostseeraum und ist damit die allerwichtigste Förderaufgabe.

## Flexicurity

Die Arbeitsmärkte des Ostseeraumes bedürfen einer weitreichenden Flexibilisierung, die jedoch nicht einseitig zu Lasten der Sicherheit der Arbeitnehmer gehen darf. Gefördert werden müssen vielmehr neue Formen der innerbetrieblichen Kooperation mit einer Verbesserung des Managements insbesondere auch für Krisenzeiten und ausgeprägten Steigerungen der Produktivität.

Geschaffen werden müssen äußerst flexible Arbeitszeiten ohne starre Grenzen. Im Prinzip sollte dann gearbeitet werden, wenn Arbeit auch tatsächlich im Unternehmen vorhanden ist. Damit abgestimmt müssen verschiedene andere Tätigkeiten wahrgenommen oder Lern- oder Freizeit eingelegt werden. Entwickelt werden muss eine weitreichende Flexibilisierung der Tages-, Wochen-, Jahres- und Lebensarbeitszeit. Das Fallbeil, mit einem bestimmten Alter in Rente zu gehen, muss von fließenden Übergängen auch über das siebzigste Lebensjahr hinaus abgelöst werden. Unterstützt werden müssen mehrdimensionale Arbeitswelten, in denen die Einkommenssicherung aus mehreren Quellen gespeist wird und damit auch die Abhängigkeit von nur einer Einkommensquelle und von nur einem Unternehmen deutlich reduziert.

In den meisten Ostseeländern bedarf die Erwerbsbeteiligung der Frauen eine deutliche Steigerung. Dies verlangt familiengerechte Arbeitsplätze, flexible, eigenverantwortliche Gestaltung der Arbeitszeiten, Jobsharing, Bereitstellung von Kindertagesstätten mit frühkindlichem Lernen usw. Gefördert werden muss auch die Erwerbsbeteiligung älterer Arbeitnehmer, deren Einsatz gemäß ihrem Erfahrungswissen und ihren individuellen Möglichkeiten gestaltet werden muss.

Intensiv gefördert werden muss die regionale und internationale Mobilität. Erforderlich ist außerdem eine gezielte Zuwanderungspolitik, die nicht an bestimmte Einkommensgrenzen gekoppelt werden darf.

Die negativen Folgen der Arbeitsteilung, wie z. B. Verlust der Sinnfindung oder Anstieg der Sozialkosten, müssen durch umfassende, innerbetriebliche Kooperationen überwunden werden, die weitere Produktivitätsfortschritte auf hohem Qualitätsniveau ermöglichen. Arbeitnehmer dürfen nicht nur auf ihren Arbeitsvertrag und den »Verkauf« ihrer Arbeitskraft reduziert werden. Materielle und immaterielle Mitarbeiterbeteiligung erfahren einen rasanten Bedeutungsanstieg. Freude an Selbstständigkeit wird zu einem wichtigen Bestimmungsfaktor. Der freie und verantwortliche Mensch muss künftig verstärkt im Mittelpunkt von Gesellschaft und Wirtschaft stehen. Ganzheitlichkeit, Kooperation und Eigenverantwortung auf der Basis von Vertrauen bewirken in allen Arbeits- und Lebensbereichen die Nutzbarmachung einer kostenlosen Sozial-Energie. Während die Arbeitnehmer sich zu Mitunternehmern entwickeln, werden die Arbeitgeber zu

Sinngebern der Arbeit. Damit erreicht der Ostseeraum eine neue internationale Wettbewerbsfähigkeit: Die Unternehmen konkurrieren nicht einseitig auf der Ebene der Löhne und Arbeitskosten, sondern in der Nutzbarmachung von Sozialenergie.

Eine neue Ökonomie muss eine Ökonomie der vollständigen Transparenz und Fühlbarkeit sein – insbesondere für die Mitarbeiter, aber auch für Kunden. Eine stärkere Verankerung der Prinzipien gelebter Unternehmensethik ist noch in den kleinen und mittleren Unternehmen vorhanden, da hier Transparenz und direkte Fühlbarkeit wesentlich intensiver als in Großunternehmen ausgeprägt sind. Im Handwerk und übrigem Mittelstand genießt der Mensch eine besondere Wertschätzung. Die Arbeitsplätze sind hier besonders sicher; Mitarbeiter werden auch in Krisenzeiten weiter beschäftigt.

Hinsichtlich flexibler und zugleich sicherer Gestaltung einer Arbeitswelt mit hoher Produktivität bestehen im Ostseeraum ausgeprägte nationale Unterschiede, die gute Chancen zur intensiven Förderung des Lernens voneinander bieten. Personal- und Organisations-Entwicklung müssen als wichtigstes Innovationsfeld für die Wirtschaft des Ostseeraumes erkannt und intensiv gefördert werden. Damit können nicht nur ausgeprägte Produktivitätsreserven ausgeschöpft, sondern zugleich auch Innovationspotenziale auf breiter Basis geweckt und herausragende Wege zur Meisterung von Krisenzeiten eröffnet werden.

## Innovationen, Forschung und Entwicklung

Der Ostseeraum war historisch einer der innovativsten Regionen der Welt und verfügt auch heute über ausgesprochene Innovationspotenziale, die geweckt und genutzt werden müssen. Der internationale Wettbewerb ist nur zu gewinnen, wenn der Ostseeraum schneller und besser ist als andere Regionen und wieder das innovativste Gebiet der Welt wird.

⇨ Wirkungsvolle Innovationsstrategien im Ostseeraum müssen die regionsspezifischen Stärken ausbauen, eine räumliche Kooperation der Stärken und Arbeitsteilungen fördern und kulturelle Unterschiede als Kreativitätspotenzial nutzen.

⇨ Herausragende Innovationsfelder der mittelständischen Wirtschaft betreffen insbesondere alle Bereiche, die aktuell von deutlichen Engpässen geprägt sind.

In den Engpassfeldern Energie, Klima- und Umweltschutz, Gesundheit, Informationsverarbeitungs- und Problemlösungskapazitäten, elektronische Produktions- und Kommunikationssysteme sowie Personal- und Organisationentwicklung verfügt der Ostseeraum sowohl über ausgezeichnete Lehr- und Forschungskapazitäten als auch über großes unternehmerisches Potenzial, sodass sich hier besonders vielversprechende Ansatzpunkte für eine gezielte Innovationspolitik ergeben.

⇨ Die Förderung von Forschung und Entwicklung durch den Staat sowie die diesbezügliche Aufgabenwahrnehmung durch Universitäten und Hochschulen muss sich viel intensiver und konsequenter der mittelständischen Wirtschaft zuwenden.

⇨ Die Förderung einiger wenige Cluster der High-Tech-Entwicklung ist ein wichtiger Teil der derzeitigen Innovationspolitik. Besonders intensiv muss jedoch auch eine spezifische Innovationsförderung für kleine und mittlere Unternehmen entwickelt und umgesetzt werden. Erforderlich ist diesbezüglich eine kundenorientierte Definition von Innovationen und eine weiter gefasste Förderpolitik, die beispielsweise die Entwicklung angepasster Techniken und neuer Produkte, neue Organisationsformen und die Einbindung der Mitarbeiter in Innovationsprozesse oder den Technologietransfer intensiv berücksichtigen.

⇨ Hochschulen und Universitäten müssen den für die mittelständische Wirtschaft so wichtigen Innovationstransfer als verbindliche Pflichtaufgabe zu gewiesen bekommen. Studien- und Abschlussarbeiten sollten konsequent Entwicklungsaufgaben der kleinen und mittleren Unternehmen aufgreifen.

⇨ Die Zusammenarbeit zwischen Hochschulen und Universitäten sowie mittelständischen Unternehmen muss stark verbessert und ausgeweitet werden. Dabei können Kammern als herausragende Förderinstitutionen der mittelständischen Wirtschaft Vermittlungsfunktionen übernehmen.

⇨ Hochschulen und Universitäten sollten gemeinsam mit Kammern verteilt über den gesamten Ostseeraum themenorientierte Kompetenzzentren entwickeln, die Motor und Drehscheibe der Innovationsentwicklung für die kleinen und mittleren Unternehmen darstellen, Wissens- und Technologietransfer sichern und F&E Aufgaben durchführen. Über eine intensive Kooperation können diese Kompetenz-Zentren Komplett-Angebote mit Transfer, Beratung, F&E, Weiterbildung usw. schaffen und alle von KMU benötigten Dienste aus einer Hand bereitstellen.

⇨ Diese einzelnen Kompetenz-Zentren bilden ein ostseeweites Netzwerk, das sämtliche relevanten Fragen der mittelständischen Wirtschaft gerecht wird. Eine zentrale Leitstelle des ostseeweiten Netzwerkes sollte die Zusammenarbeit sichern, als Motor; Koordinator, Think Tank und Dienstleister für die fortwährende Realisierung von Qualifizierungs- und Innovationsstrategien für kleine und mittlere Unternehmen fungieren.

## Steuern und Sozialabgaben

Die Steuern erscheinen generell nicht zu hoch. Eine hoch entwickelte Volkswirtschaft benötigt auch einen leistungsfähigen Staat mit ausreichenden Finanzierungs- und Investitionsmöglichkeiten zur Schaffung der Infrastruktur, für Bildung, Forschung und Entwicklung sowie für Aufgaben der sozialen Sicherung. Entscheidend ist ein transparentes, einfaches Steuerrecht mit einem Höchstmaß an Steuergerechtigkeit.

Bei einer Beibehaltung des Steueraufkommens insgesamt sind für die mittelständische Wirtschaft Entlastungen dringend geboten, die gezielt die Eigenkapitalausstattung und Investitionskraft der kleinen und mittleren Unternehmen nachhaltig stärken.

Der Ostseeraum wird einen Wettbewerb mit Niedriglohnländern nicht bestehen können. Seine Chancen liegen in der Innovationskraft und -Geschwindigkeit, in einer herausragenden Qualifikation der Erwerbstätigen sowie in bester Qualität der Produkte und Dienstleistungen. Damit verbunden sind zwangsläufig überdurchschnittliche Löhne. Das zentrale Problem von Handwerk und Mittelstand sind die ausufernden Lohnzusatzkosten in vielen Ostseeanrainerländern. Konsequente Einsparungen und Wiederherstellung von mehr Eigenverantwortung in allen Bereichen der sozialen Fürsorge und Sicherung sind unerlässlich.

Darüber hinaus muss in starkem Umfang eine Abkopplung der Sozialbeiträge vom Faktor Arbeit und eine Finanzierung über Steuern erfolgen. Dies ist bereits in einzelnen Ostseeanrainerländern mit beachtlichen Erfolgen für Wohlstand und Beschäftigung realisiert worden. Ziel einer solchen Politik kann nicht eine Vereinheitlichung der Arbeitskosten im Ostseeraum auf unterem/niedrigem Niveau sein, jedoch die Schaffung der Voraussetzungen für einen Wettbewerb zu fairen Bedingungen.

Die Gestaltung von Steuern und Sozialabgaben muss grundsätzlich verstärkt darauf ausgerichtet werden, dass damit zugleich Innovationen unterstützt werden und die Unternehmen dauerhaft wirksame Anreize für ein innovatives Wirtschaften erhalten. Wenn beispielsweise Sozialkosten, die heute an den Faktor Arbeit gekoppelt sind, teilweise über die Besteuerung von Energie und Umweltgütern finanziert werden, treten zwei sehr willkommene Effekte auf: Einmal sinken die Arbeitskosten, weil Lohnzusatzkosten über Steuern finanziert werden. Zugleich werden über durch die Besteuerung die knappen Energie- und Umweltressourcen teurer und bewirken damit ökonomische Anreize für Innovationen im Energie- und Umweltbereich.

## Kapitalversorgung

Kapital fließt zu den höchsten Renditen. Aktuell sind Anlagen in Aktien lohnender als Investitionen in kleine und mittlere Unternehmen. Diese volkswirtschaftlich äußerst schädliche Schieflage, die die mittelständische Wirtschaft kapitalmäßig systematisch aushungert, bedarf dringend grundlegender Korrekturen. Sämtliche Maßnahmen zur Verbesserung der Rendite und der Eigenkapitalausstattung kleiner und mittlerer Unternehmen sind dringend geboten, um die Voraussetzungen zur Sicherung und Schaffung von Arbeitsplätzen zu schaffen.

Kreditinstitute müssen aus der internationalen Finanzkrise lernen und erkennen, dass Kreditvergaben und finanzielle Beteiligungen an kleine und mittlere Unternehmen das vergleichbar geringste Risiko aufweisen und die gesamte Wirtschaft nachhaltig stärken. Dementsprechend müssen Kreditvergaben und Konditionen gestaltet werden und die Kreditinstitute sich als echte Partner der kleinen und mittleren Unternehmen verstehen.

Für die Kreditinstitute sind verbesserte Anreize zur Weiterleitung von Fördergeldern zu entwickeln. Gesichert werden muss insbesondere die unproblematische Bereitstellung von Innovations- und Risikokapital, beispielsweise:

⇨ Erweiterung regionaler Bürgschaftsgemeinschaften und deren bessere Ausstattung mit Rückbürgschaften der öffentlichen Hand.

⇨ Schaffung von regionalen Fonds für kleine und mittlere Unternehmen zur Förderung von Innovationen mit einer kostengünstigen Bereitstellung von Risiko- und Beteiligungskapital.

⇨ Schaffung einer ostseeweiten Investitionsbank für kleine und mittlere Unternehmen.

## Internationale Kooperation

In der außenwirtschaftlichen Tätigkeit liegen noch weit gehend ungenutzte Potenziale für die mittelständische Wirtschaft. Zur Nutzung dieser Chancen benötigen die kleinen und mittleren Unternehmen spezifische Förderungen und Hilfen, beispielsweise:

⇨ Bereitstellung spezifischer Länderinformationen, Sprachkurse, Informationsveranstaltungen, Exportseminare und -beratungen usw.

⇨ Durchführung von gezielt vorbereitenden Kooperationsbörsen sowie Beratung und Begleitung des Prozesses nach der ersten Kontaktaufnahme.

⇨ Vermittlung und Förderung von grenzüberschreitenden Kooperationen unterschiedlichster Form auf Unternehmensebene, denen eine hohe und weiter wachsende Bedeutung zukommt.

Besonders im Handwerk werden grenzüberschreitende Tätigkeiten insbesondere durch persönliche Begegnungen und über ausländische Personen, die im Betrieb tätig sind oder waren, angebahnt und gefördert. Auch ein Know-how-Transfer erfolgt in erster Linie über Personen. Durch neue Formen des Wanderns von Gesellen und Meistern werden verkrustete Strukturen aufgebrochen und Innovationen nachhaltig gefördert. Das Lernen voneinander sowie die Weiterentwicklung und Qualitätssteigerung der beruflichen Aus- und Weiterbildung erfahren über internationalen Austausch intensive Förderungen. Angesichts dieser herausragenden Bedeutung ist die Mobilität in der EU und ebenso im Ostseeraum viel zu gering. Mobilitätshemmnisse wie rechtliche und administrative Hindernisse,

Sprachbarrieren, fehlende Anerkennung von beruflichen Bildungsabschlüssen, wirtschaftliche und gesellschaftliche Unterschiede sowie auch Transaktionskosten aufgrund mangelnder institutioneller Transparenz müssen nachdrücklich abgebaut werden.

Die EU Nachbarländer Russland, Belarus und Ukraine müssen uneingeschränkt in grenzüberschreitende Kooperationen einbezogen werden. Besonders schwierig ist diesbezüglich die Situation in der Region Kaliningrad, da die Visapflicht eine kaum zu bewältigend Hürde für die kleinen und mittleren Unternehmen darstellt. Eine großräumige Sonderregelung ist dringend geboten.

Insbesondere in Russland wird von den Organisationen der Wirtschaft das Fehlen eines eindeutigen politischen Konzepts zur Entwicklung der mittelständischen Wirtschaft beklagt und deshalb ein umfassendes Mittelstandsförderungsgesetz gefordert. Ferner wird empfohlen, dass Russland, Belarus und Ukraine unter Einbezug der Erfahrungen anderer Ostseeländer gemeinsam ein Konzept für die Förderung des Mittelstands generell sowie für grenzüberschreitende Kooperationen speziell entwickeln und abgestimmt umsetzen.

## Wirtschaftliche Selbstverwaltung

Kleine und mittlere Unternehmen können nicht wie Großunternehmen über unternehmensinterne Stabsfunktionen verfügen, die vielfältige Aufgaben der Unternehmensführung übernehmen. In der mittelständischen Wirtschaft müssen solche Stabsfunktionen und Förderaufgaben extern im Rahmen der wirtschaftlichen Selbstverwaltung erbracht werden. Die Kammern sind die zentralen Dienstleister, die ihren Mitgliedsunternehmen die benötigten Hilfen und Förderungen unternehmensnah und zuverlässig leisten und damit geldwerte Leistungen bieten.

Hoheitliche Funktionen sollten, soweit eben möglich, vom Staat auf die Kammern übertragen werden, damit diese gegenüber den kleinen und mittleren Unternehmen gebündelt als Dienstleistung aus einer Hand unbürokratisch wahrgenommen werden können. Die Kammern können hoheitliche Aufgaben kostengünstiger und unternehmensnäher als der Staat erfüllen und ideal mit Förderaufgaben verbinden. Insbesondere die Aufgaben der beruflichen Aus- und Weiterbildung, des Gewerberechts, des Umwelt- und Gesundheitsschutzes sollten der wirtschaftlichen

Selbstverwaltung übertragen und damit intensiver in Eigenverantwortung der Wirtschaft wahrgenommen werden.

Den Kammern obliegt auch, noch intensiver und wirkungsvoller das Bewusstsein der Unternehmen für die Bedeutung von Innovationen, Bildung, Qualitätssicherung und internationaler Kooperation zu stärken, beispielsweise durch

⇨ Aufbau von Informations-Systemen zur Verdeutlichung des Bildes der Außenwelt und Anzeige von Gefahren durch Marktentwicklungen.

⇨ Nationale und internationale Businessforen.

⇨ Bildungs- und Informations-Programme im Fernsehen.

⇨ Bildungsprogramme der Universitäten angepasst an den Bedarf der Wirtschaft.

Die Kammern sollten als zentrale Fördereinrichtung der mittelständischen Wirtschaft entwickelt, wahrgenommen und gestärkt werden. Zu diesem Zweck sowie zur Sicherung und Förderung der internationalen Zusammenarbeit muss in den Ostseeanrainerländern ein vergleichbares Gesetz zur Förderung des Mittelstands geschaffen werden.

Auf regionaler Ebene sind Netzwerke der Förderung des Handwerks und Mittelstands zu entwickeln, um alle Kräfte zu bündeln und konsequent auf die kleinen und mittleren Unternehmen auszurichten. In diesen Netzwerken sollten die Kammern die zentrale Initiativ-, Koordinierungs- und Anlauffunktion übernehmen und darin insbesondere öffentliche Verwaltungen, Universitäten, Hochschulen und andere Förderinstitutionen einbinden. Über einen zentralen Ansprechpartner „Kammer" können damit die Betriebe sämtliche Kapazitäten der Region nutzen.

Im Rahmen dieser Netzwerke ist es zugleich Aufgabe der Kammern, die spezifischen Belange der mittelständischen Wirtschaft in die Arbeiten der Netzwerkpartner (Politik, Verwaltungen, Universitäten, Hochschulen usw.) laufend hineinzutragen. Informationspflichten wie Mitwirkungsrechte der Kammern sollten in einem Mittelstandsförderungsgesetz ausdrücklich geregelt werden.

Die einzelnen regionalen Netzwerke sollten intensiv in ein ostseeweites Gesamtnetzwerk der Entwicklung und Förderung von Handwerk und Mittelstand eingebunden werden. In ein solches Gesamtnetzwerk des Mittelstands sollte die große Fülle der bestehenden Netzwerke und Förderinstitutionen einmünden, um

82

sowohl auf lokaler und regionaler Ebene wie auch ostseeweit möglichst ein einheitliches Fördernetzwerk zu schaffen, das den kleinen und mittleren Unternehmen alle relevanten Dienste aus einer Hand anbietet. Die Förderer müssen diese Vereinheitlichung und Koordinierung bewerkstelligen und dürfen damit nicht die Unternehmen belasten.

Mit einem solchen einheitlichen Fördernetzwerk auf regionaler und ostseeweiter Ebene können optimal auch die grenzüberschreitenden Tätigkeiten der kleinen und mittleren Unternehmen, Innovationen und das Lernen voneinander, die Nutzung regionsspezifischer Stärken und Kulturen sowie räumliche Arbeitsteilungen gefördert werden. Aufgaben des ostseeweiten Gesamtnetzwerkes, das von einer Dienst-leistungszentrale koordiniert werden muss, und der regionalen Subnetzwerke sind jegliche Förderungen von Handwerk und Mittelstand und die Stärkung der Wirtschaftskraft in den Teilregionen wie im gesamten Ostseeraum.

# Cele i strategie rozwoju rzemiosła oraz małej i średniej przedsiębiorczości w basenie Morza Bałtyckiego

# Wprowadzenie

Od 1994 r. w ramach Parlamentu Hanzeatyckiego współpracują ze sobą izby oraz organizacje MSP w basenie Morza Bałtyckiego. W roku 2004 założono Stowarzyszenie Parlament Hanzeatycki, do którego należy 47 izb przemysłowych, handlowych i rzemieślniczych oraz organizacji MSP ze wszystkich krajów nadbałtyckich, reprezentujących łącznie ok. 450 tys. MSP.

Parlament Hanzeatycki poświęca się z zaangażowaniem wzmacnianiu konkurencyjności basenu Morza Bałtyckiego, tu zaś zwłaszcza wspieraniu małej i średniej przedsiębiorczości. W celu skutecznego promowania innowacji założono z inicjatywy Stowarzyszenia w 2010 r. Akademię Bałtycką (Baltic Sea Academy), do której należy 12 szkół wyższych i uniwersytetów z 9 krajów nadbałtyckich. Jej członkowie prowadzą kształcenie w ramach dualnych studiów licencjackich, zapewniają transfer wiedzy i technologii, a także realizują zadania z zakresu badań naukowych i rozwoju dla małych i średnich przedsiębiorstw.

Niniejszy program jest poświęcony pierwszoplanowym zadaniom z zakresu polityki gospodarczej. W uzupełnieniu Parlament Hanzeatycki opracuje i opublikuje w latach 2011 i 2012 odrębne koncepcje strategiczne „Polityka edukacyjna" oraz „Polityka innowacyjna i regionalna".

Koncepcja strategii polityki gospodarczej została opracowana w latach 2009–2010 w ramach międzynarodowych sesji, konferencji oraz działalności grup roboczych Parlamentu Hanzeatyckiego. W pracach wzięli udział przedstawiciele wszystkich krajów nadbałtyckich, a mianowicie:

- prezesi, członkowie zarządu, dyrektorzy i pracownicy 47 izb i organizacji należących do Parlamentu Hanzeatyckiego

- profesorowie i pracownicy naukowi 12 szkół wyższych i uniwersytetów należących do Baltic Sea Academy

- przedstawiciele małych i średnich przedsiębiorstw

- politycy i przedstawiciele administracji publicznej oraz instytucji zajmujących się promocją gospodarki na szczeblu lokalnym, regionalnym i ogólnokrajowym

- sekretariat Parlamentu Hanzeatyckiego

Niniejszy dokument stanowi wspólny program polityki gospodarczej na rzecz rozwoju małej i średniej przedsiębiorczości w całym basenie Morza Bałtyckiego. Zawiera cele i strategie, które 47 odnośnych izb i organizacji w ramach swych zadań dotyczących reprezentacji interesów propaguje i zgodnie reprezentuje wobec polityków i administracji w jednolity sposób w całym basenie Morza Bałtyckiego. Dla zdecydowanie największego i najważniejszego działu gospodarki zaprezentowany zostaje zatem wspólny program, który leży w interesie zarówno małych i średnich przedsiębiorstw oraz ich pracowników, jak i dobra wspólnego i musi być realizowany drogą współdziałania polityków, administracji, izb, organizacji oraz świata nauki.

# Rozdział 1
## Streszczenie

Basen Morza Bałtyckiego notuje od połowy lat 90. XX wieku wysokie wskaźniki wzrostu. Zgodnie ze scenariuszem wzrostu gospodarczego do roku 2030 realny produkt krajowy brutto na głowę mieszkańca bardziej wzrośnie we wschodnich niż w zachodnich państwach nadbałtyckich. Mimo to różnice w wysokości dochodów na głowę mieszkańca pomiędzy krajami basenu Morza Bałtyckiego będą znaczne jeszcze również w roku 2030.

MSP mają duży udział w całej gospodarce i zatrudnieniu w Europie. 99% wszystkich zakładów pracy w Unii Europejskiej to małe i średnie przedsiębiorstwa; przypada na nie ok. dwóch trzecich wszystkich miejsc pracy w całym sektorze prywatnym w Europie. W basenie Morza Bałtyckiego te udziały są jeszcze wyższe.

Znacznym ubytkom ludności we wschodniej części basenu Morza Bałtyckiego towarzyszył wzrost liczby ludności w części zachodniej. To zróżnicowanie geograficzne dotyczy również zmian liczby ludności czynnej zawodowo. Liczba ludności w basenie Morza Bałtyckiego spadnie do roku 2030 o 11,6%, czyli o ponad 11 milionów. Ze względu na te tendencje należy oczekiwać niedoboru wykwalifikowanych pracowników, który już teraz zaznacza się w licznych działach gospodarki. Poszczególni uczestnicy rynku oraz poszczególne kraje i regiony zaczynają ze sobą silnie konkurować o wykwalifikowanych pracowników i młodzież.

Ponieważ tendencja polegająca na wzroście znaczenia usług i działów przemysłu opartych na wiedzy będzie szła w parze z rosnącym zapotrzebowaniem na wykwalifikowanych pracowników, „wiedza" jest zasobem kluczowym dla przyszłości. W skali ogólnoeuropejskiej zasoby kapitału ludzkiego w basenie Morza Bałtyckiego są wyższe od przeciętnej, a zatem w dziedzinie gospodarki opartej na wiedzy istnieją w tym regionie znaczne potencjały rozwojowe.

Także basen Morza Bałtyckiego mimo przynależności większości położonych w nim państw do UE charakteryzuje się nadal poważnymi barierami dla mobilności, utrudniającymi transgraniczną integrację rynków pracy. Ma ona jednak wielką rangę z punktu widzenia wzmocnienia potencjałów rozwojowych regionów gospodarczych w basenie Morza Bałtyckiego.

Warunki ramowe będą w przyszłości sprzyjały raczej rozwojowi małych i średnich przedsiębiorstw, a optymalna wielkość firmy ulega zmniejszeniu. Nowe, dodatkowe miejsca pracy powstawały w minionych 20 latach prawie wyłącznie już tylko w małych i średnich przedsiębiorstwach. Ta tendencja w przyszłości jeszcze wyraźnie się nasili.

Małe i średnie przedsiębiorstwa stanowią osnowę gospodarki. Basen Morza Bałtyckiego ma świetne perspektywy stania się innowacyjnym, silnym gospodarczo regionem o znaczeniu światowym.

Stabilną tendencją przeciwstawną globalizacji okazuje się nasilająca się regionalizacja i decentralizacja. Basen Morza Bałtyckiego jako duży region gospodarczy z rozmaitymi kulturami, atutami i potencjałami swoich podregionów może wyciągnąć z tego szczególne korzyści.

Różnorodność kulturowa basenu Morza Bałtyckiego i odmienność poszczególnych krajów i regionów stanowi ogromną szansę. Nie ma alternatywy dla otwartych rynków. Kto odgradza się od innych, przegra!

Sprostanie wyzwaniom przyszłości wymaga intensywnych kooperacji: „powiązania są ważniejsze niż produkty". Technologie informacyjne są jakby stworzone do rozwiązywania tych problemów.

Decydującym warunkiem trwałego sukcesu gospodarczego są doskonałe kwalifikacje na szerokiej płaszczyźnie. Małe i średnie przedsiębiorstwa mają szanse w skali kraju i w konkurencji międzynarodowej tylko pod warunkiem posiadania największej siły innowacyjnej i reprezentowania najwyższego poziomu jakości. Zapewnienie młodych, doskonale wykwalifikowanych przedsiębiorców, kadry kierowniczej i wykwalifikowanych pracowników zadecyduje o przyszłości małej i średniej przedsiębiorczości w basenie Morza Bałtyckiego, stanowi zatem najważniejsze zadanie z zakresu wspierania gospodarki.

Dla małej i średniej przedsiębiorczości generalnie, a dla basenu Morza Bałtyckiego w szczególności rodzą się zasadniczo w średniej i dłuższej perspektywie znakomite szanse na przyszłość, które jednak nie są w wystarczający sposób dostrzegane, wykorzystywane i promowane przez polityków i administrację na wszystkich poziomach działania. W celu wykorzystania wszystkich potencjałów i uporania się z przemianami strukturalnymi mała i średnia przedsiębiorczość potrzebuje metodycznej pomocy, łagodzącej aktualne problemy, ułatwiającej niezbędne zmiany oraz ukierunkowanej metodycznie na średnio- i długoterminowe szanse.

# Lista propozycji politycznych

## Konkurencyjność

⇨ niezawodna realizacja Strategii Europa 2020

⇨ podnoszenie i zapewnianie jakości produktów i usług

⇨ daleko idące odbiurokratyzowanie i nadanie nowego kształtu realizacji unijnych programów pomocy

## Edukacja

⇨ lepsze kształcenie i zagwarantowanie młodych przedsiębiorców, kadry kierowniczej i pracowników wykwalifikowanych jako najważniejsze zadanie z zakresu wspierania gospodarki

⇨ stworzenie elastycznego i drożnego systemu edukacji

⇨ podniesienie skuteczności kształcenia ogólnego z intensywną wczesną edukacją dzieci oraz przekazywanie wiedzy faktograficznej oraz kompetencji osobistych i społecznych

⇨ podniesienie atrakcyjności kształcenia i doskonalenia zawodowego oraz rozszerzenie praktycznych elementów edukacji

⇨ podniesienie rangi kursów doskonalenia zawodowego i wolne od biurokracji uznawanie dyplomów w skali międzynarodowej

⇨ wzmacnianie praktycznych elementów edukacji w kształceniu akademickim i silne ukierunkowanie na interesy MSP

## Flexicurity

⇨ promocja nowych form współpracy wewnątrz zakładowej łącznie z polepszeniem zarządzania, w szczególności w czasach kryzysu oraz wyraźne podwyższenie produktywności

⇨ daleko idące uelastycznienie czasu pracy (w wymiarze dziennym, tygodniowym, rocznym oraz w przeciągu całego życia) oraz promocja wielowymiarowego świata pracy

⇨ wspieranie aktywności zawodowej kobiet oraz osób starszych

⇨ zrównoważone wspieranie mobilności oraz prowadzenie celowej polityki migracyjnej bez połączenia z limitami dochodowymi

⇨ Wspieranie materialnej i niematerialnej partycypacji pracowników oraz wykorzystanie energii socjalnej

⇨ Bardziej silne ukotwiczenie zasad etyki przedsiębiorstwa oraz ustanowienie przejrzystości i namacalności

⇨ Intensywna promocja uczenia się od siebie oraz rozwoju personalnego i organizacyjnego jako najważniejszego pola innowacyjności dla gospodarki nadbałtyckiej

## Innowacje, badania naukowe i rozwój

⇨ wykorzystanie różnorodności kulturowej i uzgodniony regionalny podział pracy zgodnie ze specyficznymi atutami

⇨ koncentracja na dziedzinach stanowiących wąskie gardła wraz z ich potencjałem rozwojowym: energetyka, ochrona klimatu i środowiska, zdrowie, możliwości przetwarzania informacji i rozwiązywania problemów, elektroniczne systemy produkcji i komunikacji oraz rozwój kadr i organizacji

⇨ konsekwentne ukierunkowanie na interesy małej i średniej przedsiębiorczości

91

⇨ nieskupianie się na klastrach zaawansowanej technologii, lecz ukierunkowane na klienta, szeroko rozumiane promowanie innowacji

⇨ transfer innowacji oraz prace badawczo-rozwojowe na rzecz małych i średnich przedsiębiorstw jako zadanie obowiązkowe szkół wyższych i uniwersytetów

⇨ poprawa współpracy pomiędzy szkołami wyższymi i uniwersytetami z jednej, a małymi i średnimi przedsiębiorstwami z drugiej strony

⇨ rozwijanie ukierunkowanych tematycznie centrów kompetencji przez szkoły wyższe i uniwersytety wspólnie z Izbami

⇨ budowa sieci promocji innowacji na rzecz małej i średniej przedsiębiorczości w całym basenie Morza Bałtyckiego

## Podatki i opłaty na cele socjalne

⇨ stworzenie przejrzystego, prostego prawa podatkowego o jak najwyższym stopniu sprawiedliwości podatkowej

⇨ zwiększenie kapitału własnego i możliwości inwestycyjnych dla małych i średnich przedsiębiorstw

⇨ zwiększenie odpowiedzialności własnej i bardziej zdecydowane oddzielenie opłat na cele socjalne od pracy

⇨ ukierunkowanie podatków i opłat na cele socjalne na tworzenie silnych zachęt dla innowacji

## Zaopatrzenie w kapitał

⇨ poprawa stopy zysku i zaopatrzenia w kapitał własny w małych i średnich przedsiębiorstwach

⇨ zwiększenie zachęt dla instytucji kredytowych w celu przekazywania funduszy pomocowych dalej

⇨ tworzenie regionalnych wspólnot gwarancyjnych, mogących liczyć na lepsze kontrgwarancje publiczne

⇨ tworzenie regionalnych funduszy dla małych i średnich przedsiębiorstw w celu zapewnienia kapitału ryzyka i udziałów kapitałowych

⇨ stworzenie bałtyckiego banku inwestycyjnego dla małych i średnich przedsiębiorstw

## Kooperacje międzynarodowe

⇨ szczególne wspieranie małych i średnich przedsiębiorstw w celu wykorzystania dużych potencjałów wzrostu w stosunkach gospodarczych z zagranicą

⇨ usuwanie barier i wspieranie mobilności oraz wzmacnianie kontaktów osobistych

⇨ stworzenie wspaniałomyślnej regulacji przewidującej wyjątek od obowiązku wizowego w Obwodzie Kaliningradzkim

⇨ opracowanie wspólnej koncepcji strategicznej dla małej i średniej przedsiębiorczości w Rosji, na Białorusi i Ukrainie

## Samorząd gospodarczy

⇨ dostrzeżenie i wzmocnienie izb jako głównych instytucji promujących małą i średnią przedsiębiorczość w basenie Morza Bałtyckiego

⇨ intensywne przekazywanie zadań regulacyjnych izbom w celu efektywnego kosztowo, bliskiego przedsiębiorstwom świadczenia usług z jednej ręki

⇨ uchwalenie porównywalnej ustawy dotyczącej samorządu gospodarczego we wszystkich krajach bałtyckich

⇨ wzmacnianie świadomości przedsiębiorców co do znaczenia innowacji, edukacji, zapewniania jakości i współpracy międzynarodowej

⇨ koncentracja instytucji wspierających i stworzenie jednolitej sieci współpracy na szczeblu regionalnym i ogólnobałtyckim w celu wspierania małych i średnich przedsiębiorstw

# Rozdział 2
## Mała i średnia przedsiębiorczość w basenie Morza Bałtyckiego[5]

W poniższych analizach i prognozach rozwój w poszczególnych państwach nadbałtyckich oraz dla całego regionu jest opisany przy pomocy wybranych wskaźników. Dokonane porównania mają jedynie pokazać i uwidocznić różne drogi rozwoju, nie powinny być jednak rozumiane jako miara dla przyszłych celów oraz dróg rozwojowych poszczególnych państw lub podregionów.

### Rozwój makroekonomiczny

Basen Morza Bałtyckiego może pochwalić się od połowy lat 90. XX wieku wysokimi wskaźnikami wzrostu. Zwłaszcza w (byłych) krajach przechodzących transformację ustrojową dynamika wzrostu gospodarczego była wyraźnie wyższa od średniej dla 15 krajów starej Unii w okresie od 1995 do 2009 roku. Ale także Finlandia, Szwecja i Norwegia notowały wzrost znacznie szybszy od średniej unijnej. Dania i Niemcy natomiast znalazły się pod tym względem poniżej średniej unijnej. Najnowsze przemiany w regionie Morza Bałtyckiego charakteryzują się zatem znacznymi nierównościami pod względem wzrostu gospodarczego.

---

[5] Rozdział 2 opiera się w znacznej mierze na
    c)  Hamburg Institute of International Economics, in Baltic Education, Hanse-Parlament, Hamburg 2008
    d)  Politische Rahmenbedingungen und Förderungen von Handwerk und Mittelstand im Ostseeraum, Hanse-Parlament, Hamburg 2006

**Produkt krajowy brutto na głowę mieszkańca, 2009, standard siły nabywczej, w euro**

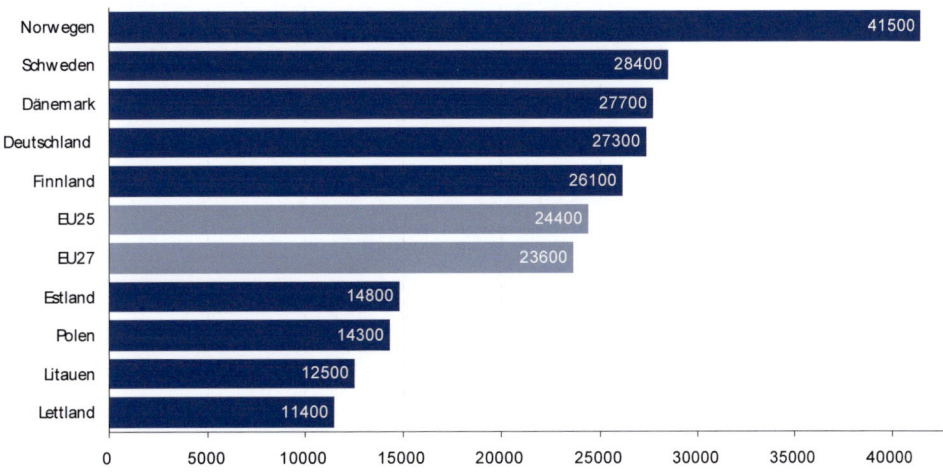

Źródło: EUROSTAT (2010); prezentacja HWWI.

Przemiany w basenie Morza Bałtyckiego charakteryzują się zarazem usuwaniem dysproporcji pomiędzy Wschodem a Zachodem. Gospodarki nowych krajów UE podlegają konwergencji w stosunku do wyższego poziomu rozwoju i wyższego standardu życia w zachodnich krajach nadbałtyckich. Obecnie wzrost gospodarczy w grupie stosunkowo młodych krajów UE jest bardzo zróżnicowany. Wysokie wskaźniki wzrostu występują głównie w regionach metropolitalnych – zwłaszcza stołecznych. Procesy konwergencji będą postępowały dalej, a różnice dochodów pomiędzy „stosunkowo bogatymi" a „stosunkowo ubogimi" państwami nadbałtyckimi będą z biegiem czasu nadal się zmniejszały. Do roku 2030 realny produkt krajowy brutto na głowę mieszkańca wzrośnie we wschodnich państwach nadbałtyckich przypuszczalnie bardziej niż w zachodnich państwach nadbałtyckich. Mimo to różnice w poziomie dochodów na głowę mieszkańca pomiędzy krajami basenu Morza Bałtyckiego będą jeszcze znaczne nawet w roku 2030.

**PKB, prognoza na lata 2006–2030, średnia roczna realna stopa wzrostu w %**

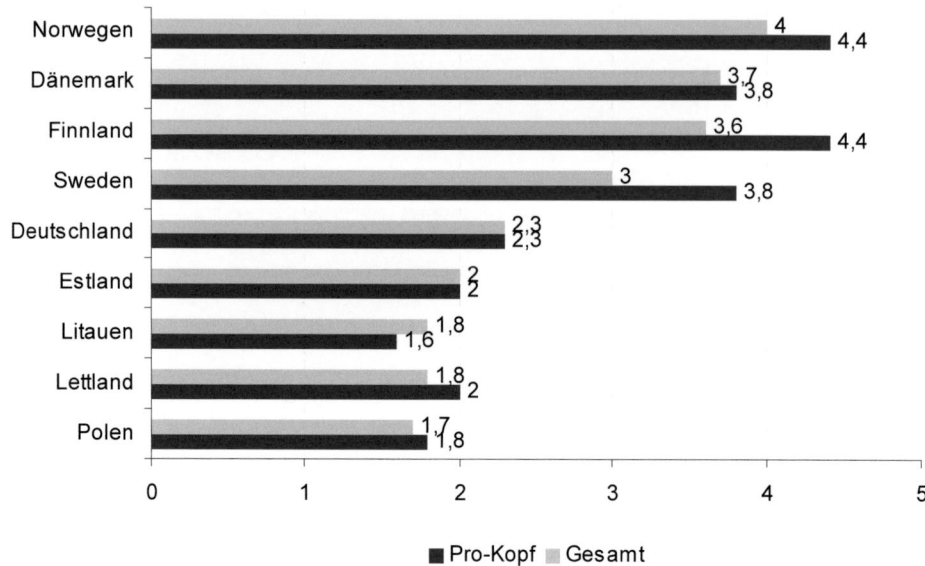

Źródło: FOOD AND AGRICULTURE ORGANISATION (FAO): World Agriculture: towards 2015/2030 Summary Report, Food and Agriculture Organisation of the United Nation, Rzym 2002.

**Dochód na głowę mieszkańca, SSN, 2006 i 2030**

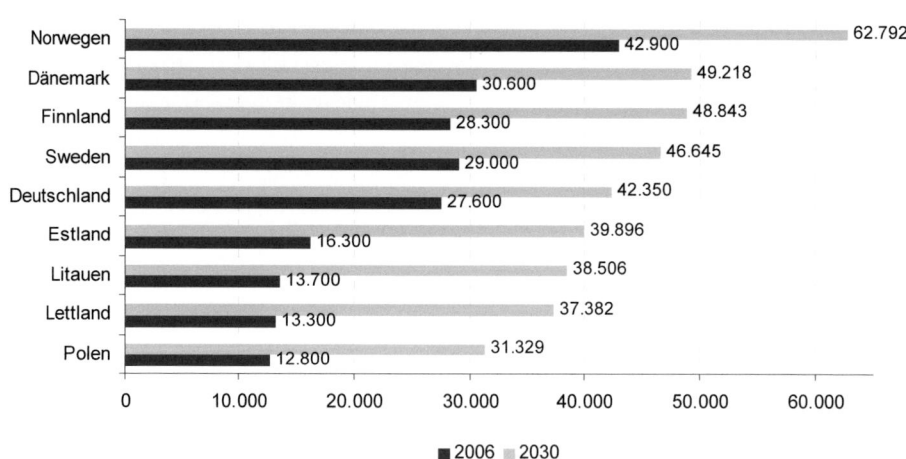

Źródło: FAO: Report i EUROSTAT: Zestawy danych; obliczenia HWWI.

**Struktura gospodarki**

Trzy kraje skandynawskie – Norwegia, Dania i Szwecja mają udział sektora usług wyższy od średniej dla krajów UE 15- i UE 25. Interesujący jest identyczny udział rolnictwa i leśnictwa w Finlandii i Estonii, wynoszący 2,7% wzgl. 2,6 % w roku 2009. Polska, Litwa i Łotwa mają relatywnie największy udział rolnictwa i leśnictwa, znacznie przekraczający jeszcze średnią dla krajów UE 25. Generalnie można na tej podstawie powiedzieć, że w krajach postkomunistycznych ewolucja w kierunku społeczeństwa usług nie jest jeszcze zakończona. Przyszły rozwój nowych państw członkowskich UE w basenie Morza Bałtyckiego będzie zależał m.in. od tego, w jakim tempie będzie się dokonywał proces dochodzenia do społeczeństwa usług i jakie nisze produktowe zajmą te nowe przedsiębiorstwa.

## Struktura gospodarki państw bałtyckich w roku 2009, w %

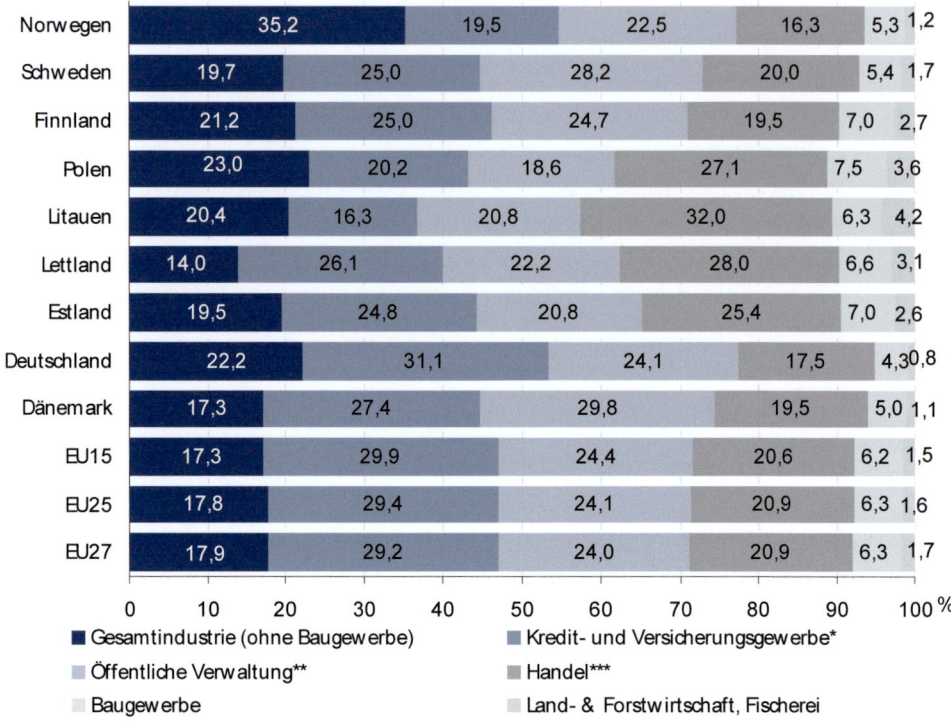

* Sektor kredytowy i ubezpieczeniowy, sektor gruntów i mieszkań, wynajem majątku ruchomego, wykonywanie usług głównie dla przedsiębiorstw.

** administracja publiczna, obrona, ubezpieczenia społeczne, edukacja, zdrowie, weterynarstwo,
     praca socjalna, wykonywanie innych usług publicznych lub osobistych, gospodarstwa domowe

*** handel, konserwacja i naprawa pojazdów samochodowych oraz przyrządów, hotele i restauracje, komunikacja i przekazywanie informacji.

Źródło: EUROSTAT: Zestawy danych.

## Małe i średnie przedsiębiorstwa

MSP mają pokaźny udział w całej gospodarce i w zatrudnieniu w Europie. 99% wszystkich zakładów pracy w Unii Europejskiej to małe i średnie przedsiębiorstwa; przypada na nie około dwóch trzecich wszystkich miejsc pracy w sektorze prywatnym w Europie. Przedsiębiorstwo w UE zatrudnia średnio 6,4 osób. Mikroprzedsiębiorstwa (1–9 pracowników) stanowią dominującą formę zakładów pracy w takich krajach jak Polska (96%) i Szwecja (94%), podczas gdy udział małych i średniej wielkości przedsiębiorstw (10–250 pracowników) jest stosunkowo wysoki w Estonii, w Niemczech i na Łotwie. W niektórych branżach, takich jak sektor odzieżowy, budownictwo i przemysł meblowy na MSP przypada ponad 80% pracowników.

**Wielkość przedsiębiorstw w regionie Morza Bałtyckiego, 2008, w % *)**)**

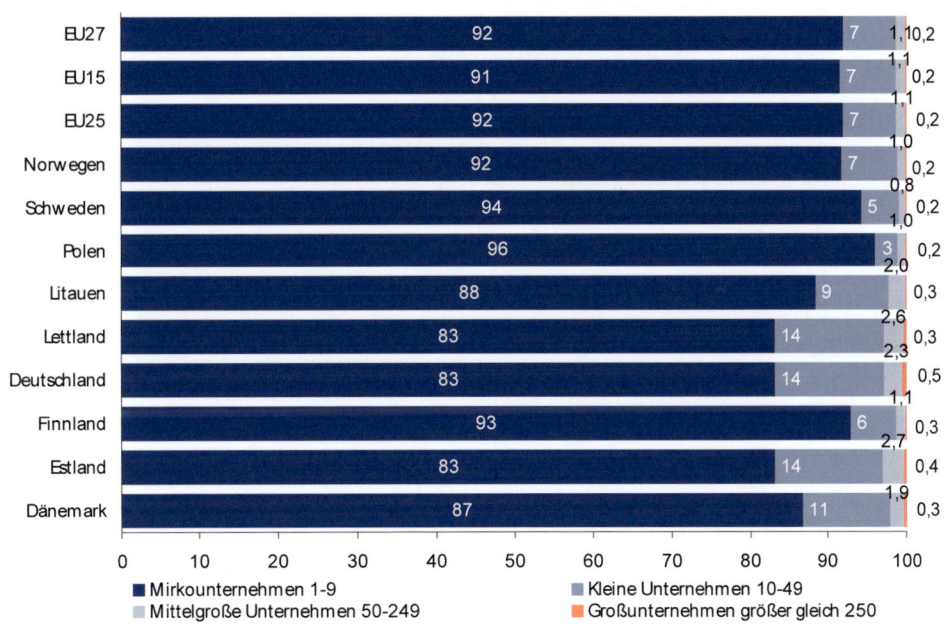

Źródło: EUROSTAT: Zestawy danych; obliczenia HWWI
* bez usług kredytowych, ubezpieczeniowych, kapitałowych i sektora publicznego ** bez krajów UE
15

Zwraca uwagę to, że akurat w małych krajach, takich jak trzy państwa bałtyckie i Dania średnia wielkość przedsiębiorstw przekracza średnią dla krajów UE 15 i UE 25. Natomiast Polska ma strukturę wielkości poniżej średniej dla krajów UE 15 i UE 25.

## Średnia struktura wielkości przedsiębiorstw w roku 2008, w %

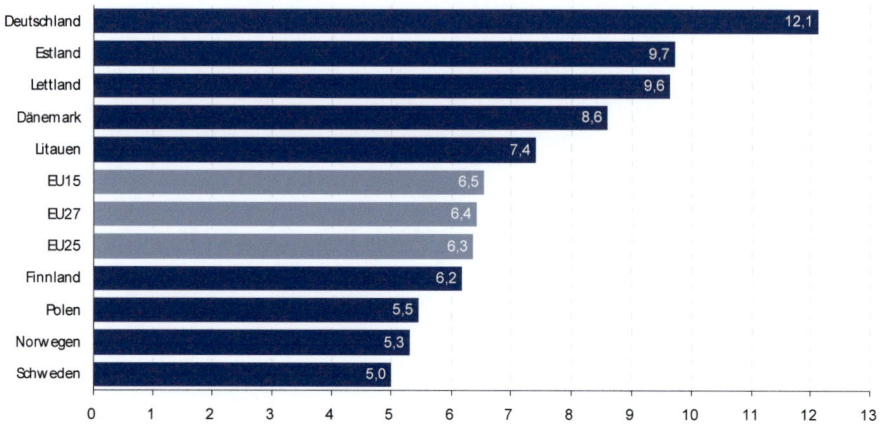

Źródło: KOMISJA EUROPEJSKA (EC) (2007): Observatory of European SMEs, Analytical report, Bruksela

### Ludność

Ludzie i ich wiedza to kluczowe czynniki produkcyjne. Dlatego rozwój demograficzny ma ogromne znaczenie dla perspektyw regionu Morza Bałtyckiego na przyszłość. Rozwój demograficzny w krajach basenu Morza Bałtyckiego wykazywał w ostatnich latach znaczne różnice. Wyraźnemu spadkowi liczby ludności we wschodniej części tego regionu towarzyszył wzrost liczby ludności w części zachodniej. To zróżnicowanie geograficzne dotyczy również zmian liczby ludności zawodowo czynnej. O ile liczba ludności zawodowo czynnej w Norwegii, Danii, Finlandii i Szwecji od 1995 r. wzrastała, to silna migracja netto od 1990 r. doprowadziła do ogromnego spadku liczby ludności zawodowo czynnej w Polsce i krajach bałtyckich.

Przyszły rozwój demograficzny w basenie Morza Bałtyckiego będzie charakteryzował się spadkiem liczby ludności przy jednoczesnym starzeniu się społeczeństwa. Przyczyną jest utrzymująca się niska liczba urodzeń, stały wzrost średniej długości życia i tendencje migracyjne.

Prognoza demograficzna EUROSTAT na okres do 2030 r. wskazuje na coraz bardziej negatywną tendencję rozwojową dla krajów bałtyckich, Polski i Niemiec. Dla Szwecji, Danii i Finlandii prognozuje się natomiast niewielki wzrost liczby ludności. Jednocześnie jednak liczba ludności zawodowo czynnej w basenie Morza Bałtyckiego ulegnie zmniejszeniu. Liczba ludności spadnie do roku 2030 o 11,6%, czyli o ponad 11 milionów. Wzrostowi popytu na wykwalifikowanych pracowników wskutek postępujących zmian strukturalnych będzie zatem towarzyszył uwarunkowany demograficznie spadek potencjału ludności zawodowo czynnej.

## Zmiany demograficzne, 1998–2008, w %

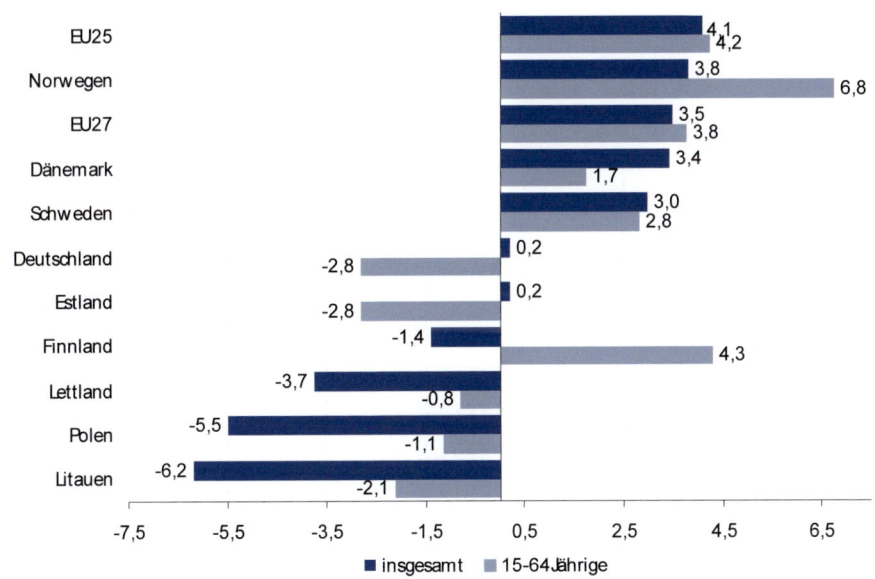

Źródło: EUROSTAT: Zestawy danych.

**Prognoza demograficzna na lata 2006-2030**

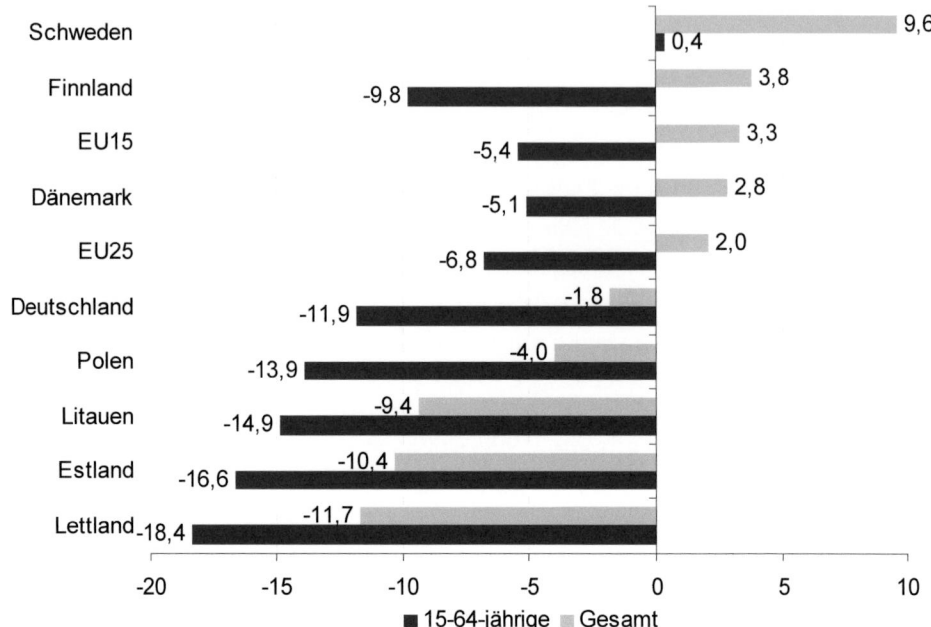

Jednocześnie pracownicy we wszystkich krajach basenu Morza Bałtyckiego będą się starzeć: coraz więcej osób pracujących będzie miało ponad 45 lat, natomiast liczba ludzi rozpoczynających życie zawodowe drastycznie spadnie. Ze względu na te tendencje rozwojowe należy oczekiwać niedoboru wykwalifikowanych pracowników – zwłaszcza w rzemiośle – który już teraz zaznacza się w licznych działach gospodarki. Poszczególni uczestnicy rynku oraz poszczególne kraje i regiony zaczynają ze sobą silnie konkurować o wykwalifikowanych pracowników i młodzież. Także związany z wiekiem spadek gotowości do podejmowania ryzyka oraz regionalnej i ponadregionalnej mobilności osób pracujących może mieć negatywny wpływ na dynamikę gospodarczą i zdolność do strukturalnych zmian gospodarczych.

## Gospodarka oparta na wiedzy

W obliczu postępujących zmian strukturalnych w kierunku opartych na wiedzy usług i działów przemysłu wciąż wzrasta znaczenie edukacji, nauki, badań naukowych i technologii dla sukcesu gospodarczego. Nowe technologie, wykwalifikowani pracownicy i utrwalona zdolność do innowacji stanowią dla gospodarek narodowych istotne przesłanki wzrostu gospodarczego i zachowania konkurencyjności. Będzie to miało znaczne konsekwencje dla społeczeństwa: w coraz bardziej stechnicyzowanym świecie, który będzie charakteryzował się zawrotnym tempem procesów innowacji, wzrastają wymagania dotyczące kwalifikacji społeczeństwa i jego mobilności zawodowej.

Ponieważ tendencja polegająca na wzroście znaczenia usług i działów przemysłu opartych na wiedzy będzie szła w parze z rosnącym zapotrzebowaniem na wykwalifikowanych pracowników, „wiedza" jest zasobem kluczowym dla przyszłości. W skali ogólnoeuropejskiej zasoby kapitału ludzkiego w basenie Morza Bałtyckiego są wyższe od przeciętnej, a zatem w dziedzinie gospodarki opartej na wiedzy istnieją w tym regionie znaczne potencjały rozwojowe.

**Udział osób z wykształceniem wyższym w grupie osób od 15 do 64 lat oraz od  25 do 64)**

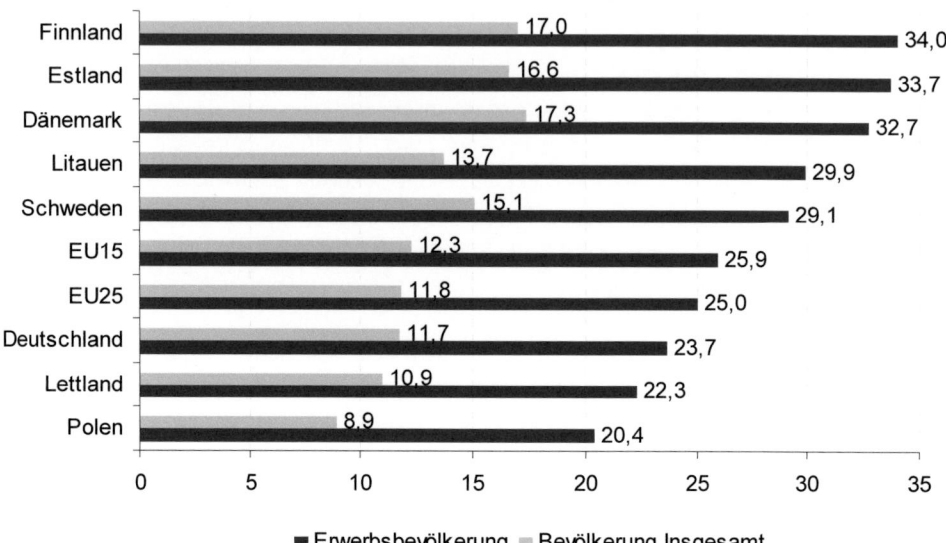

Źródło: EUROSTAT: Zestawy danych.

Stosunkowo dobra sytuacja pod względem ilości wykwalifikowanych pracowników i wyspecjalizowanie w opartych na wiedzy działach gospodarki znajduje odzwierciedlenie w międzynarodowej zdolności tych przedsiębiorców do innowacji. Jednak małe i średnie przedsiębiorstwa rzemieślnicze zawdzięczają swój narybek głównie kształceniu i doskonaleniu zawodowemu. Ta forma kształcenia silnie traci zaś na atrakcyjności w wielu krajach nadbałtyckich, co doprowadzi do powstania problemu z narybkiem. Także dla rzemiosła zdolność do innowacji – przede wszystkim innowacji produkcyjnych – jest ważnym czynnikiem konkurencyjności. W gospodarkach opartych na wiedzy wydatki na badania naukowe i rozwój są ważne dla przyszłego rozwoju, przy czym dla rzemiosła ważniejsze są przyrostowe innowacje produktowe i procesowe. Ta forma innowacji odbywa się przede wszystkim poprzez rozpowszechnianie wiedzy, transferowanej najlepiej za pośrednictwem mobilnych pracowników, ponieważ właśnie w rzemiośle jest to często wiedza związana z daną osobą (dorozumiana). Wiedza dorozumiana stanowi zatem wiedzę niekodyfikowalną, nie dającą się sformułować bezpośrednio. Można zatem na przykład skodyfikować technikę intarsji, ale doświadczenia stolarza

104

posiadającego te umiejętności można rozpowszechnić tylko dzięki mobilności zawodowej pomiędzy dwoma przedsiębiorstwami. Dzięki mobilności pracowników można przekazywać specjalistyczną wiedzę dalej, zapewniać jej nowe połączenia i przezwyciężać w ten sposób regionalne bariery dla rozwoju.

W przyszłości należy oczekiwać, że „przepaść pomiędzy Wschodem i Zachodem" pod względem zdolności do innowacji i wkładu gospodarki opartej na wiedzy w rozwój gospodarczy pomiędzy krajami nadbałtyckimi będzie się zmniejszać. W toku procesu nadrabiania zaległości przez kraje bałtyckie i Polskę znacznie zwiększą się zdolności badawczo-rozwojowe tych krajów. Gospodarki te będą przy tym czerpać korzyści z geograficznej bliskości czołowych krajów opartych na wiedzy – takich jak Finlandia i Szwecja. Przekazywanie wiedzy i informacji jest bowiem zależne od odległości. Im mniejsza odległość geograficzna pomiędzy poszczególnymi krajami, tym większa ich geograficzna współzależność rozwojowa. Ważną rolę w przekazywaniu wiedzy – także ponad granicami państw – odgrywają „kontakty twarzą w twarz" i transgraniczna mobilność pracowników, której intensyfikacji należy oczekiwać w związku z oczekiwanym dalszym usuwaniem barier dla mobilności.

**Udział ankietowanych, którzy oczekują, że w ciągu następnych pięciu lat przeniosą się do innego kraju UE, 2005, w %**

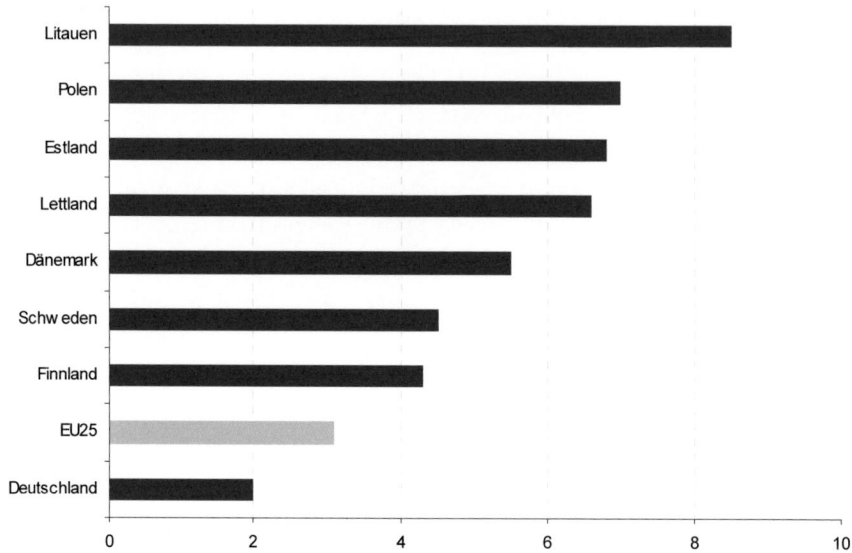

Źródło: Tom VANDENBRANDE (red.) (2006): Mobility in Europe: Analysis of the 2005 Eurobarometer survey on geographical and labour market mobility, European Foundation for the Improvement of Living and Working Conditions, Dublin.

Na integrację rynków pracy w UE nadal znaczny wpływ mają bariery graniczne pomiędzy krajami, utrudniające mobilność pracy. Także basen Morza Bałtyckiego mimo przynależności większości położonych w nim państw do UE charakteryzuje się nadal poważnymi barierami dla mobilności, utrudniającymi transgraniczną integrację rynków pracy. Z uwagi na zmiany demograficzne i niebezpieczeństwo związanego z tym niedoboru wykwalifikowanych pracowników w wielu krajach europejskich transgraniczna integracja rynków pracy ma wielką rangę z punktu widzenia wzmocnienia potencjałów rozwojowych regionów gospodarczych. Dotyczy to również basenu Morza Bałtyckiego.

# Lista wyzwań i szans

1. Warunki ramowe będą w przyszłości sprzyjały raczej rozwojowi małych i średnich przedsiębiorstw, a optymalna wielkość firmy ulega zmniejszeniu. Aby wykorzystać związane z tym szanse z korzyścią dla wszystkich mała i średnia przedsiębiorczość potrzebuje jednak szerokiego wsparcia.

2. Głębokie zmiany strukturalne niosą ze sobą wielkie wyzwania dla małych i średnich przedsiębiorstw. Globalizacja wymaga zwłaszcza szybkości i elastyczności. Liczne zakłady rzemieślnicze nie wykorzystują jednak jeszcze w dostatecznym stopniu swoich potencjałów, są rzeczywiście jeszcze zbyt wolne i zbyt mało innowacyjne, a „tylko" około 20% to istotnie „czołówka". Małe i średnie przedsiębiorstwa w nowych krajach UE bywają często bardziej głodne sukcesów, szybsze, bardziej innowacyjne i bardziej dynamiczne. W celu wykorzystania wszystkich potencjałów i uporania się z przemianami strukturalnymi mała i średnia przedsiębiorczość potrzebuje metodycznej pomocy, łagodzącej aktualne problemy, ułatwiającej niezbędne zmiany oraz ukierunkowanej metodycznie na średnio- i długoterminowe szanse.

3. Stabilną tendencją przeciwstawną globalizacji okazuje się nasilająca się regionalizacja i decentralizacja. Basen Morza Bałtyckiego jako duży region gospodarczy z rozmaitymi kulturami, atutami i potencjałami swoich podregionów może wyciągnąć z tego szczególne korzyści. Ukierunkowana na szczególne atuty kooperacja podregionów w optymalny sposób sprzyja rozwojowi mniejszych i większych obszarów oraz międzynarodowej konkurencyjności basenu Morza Bałtyckiego.

4. Różnorodność kulturowa basenu Morza Bałtyckiego i odmienność poszczególnych krajów i regionów stanowi ogromna szansę. Odmienne doświadczenia i kultury skutkują innowacjami i dają możliwość uczenia się od siebie nawzajem. Transformacja w krajach Europy Środkowo-Wschodniej powoduje dużą dynamikę i różnorodne innowacje. Wspólna historia dawnej Hanzy stanowi mocny fundament śmiałego kształtowania przyszłości. Odmienne kultury stanowią atut, mogą one rozbijać zmurszałe struktury i stymulować innowacje; dlatego trzeba wzmacniać regionalne tożsamości i kultury.

5. Rozszerzenie UE na wschód i przyjęcie Polski, Litwy, Łotwy i Estonii przyniosło korzyści dla całego regionu i otworzyło nowe perspektywy rozwojowe. Istnieje intensywna współpraca z Norwegią, która nie jest członkiem UE. Współpraca z Rosją jest kwestią najwyższej wagi i wymaga dalszej intensyfikacji. Przy czym ścieżki rozwoju oraz poziom osiągnięty przez „stare" kraje UE nie powinny być miarą dla byłych krajów transformacji. Raczej należy wspierać specyficzne mocne strony całego regionu, szukać nowych dróg oraz poprzez intensywną współpracę uczestniczących państw dążyć do stworzenia silnego regionu o znaczeniu światowym.

6. Każdy region gospodarczy ma specyficzne atuty i słabe strony. Celem nie może być niwelacja i urawniłowka, lecz metodyczny rozwój i kooperatywne wykorzystanie specyficznych atutów oraz aktywizacja sił napędowych, które mogą zrodzić się z różnic. Także różnice w wysokości kosztów pracy pomiędzy Wschodem i Zachodem utrzymają się jeszcze przez dłuższy czas. Ale zawsze na świecie znajdzie się ktoś, kto będzie jeszcze tańszy. Jest tylko jedna alternatywa: być lepszym, szybszym i bardziej innowacyjnym, dawać najwyższą jakość, oferować kompleksowe rozwiązania problemów i rosnąć w siłę dzięki byciu razem.

7. Nie ma alternatywy dla otwartych rynków. Kto odgradza się od innych, przegra! Poszczególne regiony gospodarcze wygrywały w historii zawsze dzięki większym, otwartym rynkom. Najbardziej zyskuje przemysł i handel zagraniczny. Rzemiosło zyskuje wewnątrz kraju na silnej gospodarce i wzroście outsourcingu z dużych przedsiębiorstw, działających w skali międzynarodowej, oraz jako współprzedsiębiorca na rynkach zagranicznych. Otwarcie i eksport nie mogą być jednak drogą jednokierunkową.

8. Sprostanie wyzwaniom przyszłości wymaga intensywnych kooperacji: „powiązania są ważniejsze niż produkty". Technologie informacyjne są jakby stworzone do rozwiązywania tych problemów. Kooperacje pozwalają wspólnie wykorzystywać atuty, a jednak zachować samodzielność. Potrzebne jest zarządzanie zaufaniem i współpracą. Skuteczne kultury korporacyjne i kooperacyjne muszą być zorientowane na atuty, szeroko integrować ludzi i wykorzystywać kreatywny potencjał wszystkich umysłów. MSP potrzebują jednak specyficznych form pomocy do rozwoju działalności transgranicznej oraz do wykorzystywania szans i minimalizacji niebezpieczeństw. Niesie to ze sobą szczególne wyzwanie dla organizacji gospodarczych oraz polityków i administracji.

9. Nowe, dodatkowe miejsca pracy powstawały w minionych 20 latach prawie wyłącznie już tylko w małych i średnich przedsiębiorstwach. Ta tendencja w przyszłości jeszcze wyraźnie się nasili. Zwłaszcza w grupie mniejszych przedsiębiorstw i dzięki podejmowaniu działalności gospodarczej rodzi się duży potencjał wzrostu zatrudnienia. Natomiast firmy średniej wielkości znajdują się w prawie wszystkich krajach nadbałtyckich pod szczególną presją. Przejście od mniejszych do większych podmiotów gospodarczych, ożywienie małych i średnich manufaktur oraz wzmocnienie średniej wielkości podmiotów gospodarczych powinno zapewnić dobre szanse wzrostu. Konieczne są jednak polityczne warunki ramowe oraz wsparcie ukierunkowane na rozmaite interesy różnych klas wielkości małej i średniej przedsiębiorczości.

10. Małe i średnie przedsiębiorstwa stanowią osnowę gospodarki. Jednocześnie stabilizują rozwój społeczny. Są zakorzenione w swoim regionie, potrafią wykorzystywać możliwości współpracy międzynarodowej, wzmacniają miejsce swojej działalności – nie przenosząc miejsc pracy za granicę. Gospodarka basenu Morza Bałtyckiego jest w szczególnym stopniu zdominowana przez małe i średnie przedsiębiorstwa, które stanowią około 99% wszystkich firm i na które przypada około 70% wszystkich miejsc pracy. Dzięki sprawnej małej i średniej przedsiębiorczości basen Morza Bałtyckiego otrzymuje znakomite możliwości wzmocnienia swojej pozycji gospodarczej i sprostania międzynarodowej konkurencji. Basen Morza Bałtyckiego ma świetne perspektywy stania się innowacyjnym, silnym gospodarczo regionem o znaczeniu światowym.

11. Basen Morza Bałtyckiego dysponuje doskonałymi potencjałami w gospodarce opartej na wiedzy, w kształceniu uniwersyteckim oraz w badaniach naukowych i rozwoju. Zwłaszcza w małych i średnich przedsiębiorstwach pracownicy stanowią najcenniejszy kapitał. Jednak w odniesieniu do przyszłości zaznaczają się tu już wielkie niedobory. Zapewnienie młodych przedsiębiorców, wykwalifikowanych pracowników i kadry kierowniczej oraz wysokiego poziomu innowacji staje się dla małych i średnich przedsiębiorstw kwestią być albo nie być, a przez to najważniejszym zadaniem w dziedzinie wspierania małej i średniej przedsiębiorczości oraz rzemiosła.

12. Decydującym warunkiem trwałego sukcesu gospodarczego są doskonałe kwalifikacje na szerokiej płaszczyźnie. Małe i średnie przedsiębiorstwa mają szanse w skali kraju i w konkurencji międzynarodowej tylko pod warunkiem posiadania największej siły innowacyjncj i reprezentowania najwyższego

poziomu jakości. Obie rzeczy wymagają najlepszych kwalifikacji. W tej mierze występują już dziś znaczne niedobory, które w przyszłości będą się jeszcze znacznie zwiększać, a tym samym w decydujący sposób ograniczać wzrost i innowacje. Zaznaczają się następujące trendy:

⇨ Ze względu na rozwój demograficzny w prawie wszystkich krajach UE zdecydowanie spada liczba absolwentów szkół. Narasta konkurencja pomiędzy edukacją akademicką a zawodową oraz w łonie gospodarki o dobrze wykształconych pracowników wykwalifikowanych i kadrę kierowniczą. Rzemiosło oraz mała i średnia przedsiębiorczość na razie przegrywały tę konkurencję o narybek, a bez daleko idącej poprawy sytuacji tak będzie nadal.

⇨ W wielu krajach poziom kwalifikacji absolwentów szkół pozostawia wiele do życzenia. Wymagania gospodarki co do kwalifikacji są jednak wysokie i rosną. Do rzemiosła trafia jednak w coraz większym stopniu narybek już tylko z najniższych poziomów kwalifikacji. W stosunku do wysokich wymagań i konieczności niedobór kwalifikacji jest coraz wyraźniejszy.

⇨ Odsetek absolwentów szkół, którzy wybierają kształcenie zawodowe, nieustannie spada, a w niektórych krajach nadbałtyckich osiągnął już bardzo niski poziom. Jednocześnie wzrasta liczba pracowników odchodzących z pracy ze względu na wiek. W niektórych krajach i regionach problemy te ulegają zaostrzeniu z powodu migracji, zwłaszcza najlepszych pracowników, co sprawia, że powstaje coraz większy niedobór wykwalifikowanych pracowników.

⇨ Szczególnie duże są ilościowe i jakościowe niedobory w odniesieniu do małych i średnich przedsiębiorstw w dziedzinie narybku kadry kierowniczej i przedsiębiorców. Wyraźny niedobór przedsiębiorców istnieje już obecnie, a w przyszłości znacznie się zaostrzy.

⇨ Wymagania wobec kierownictwa przedsiębiorstw są wysokie i nieustannie się zwiększają. Z uwagi na globalizację oraz uwarunkowania UE rośnie zapotrzebowanie na międzynarodowe umiejętności i doświadczenia. Przedsiębiorcy i kadra kierownicza w MSP muszą dysponować zarówno dobrym wykształceniem zawodowym i doświadczeniem praktycznym, jak i solidnymi kwalifikacjami teoretycznymi.

⇨ MSP zawdzięczały dotychczas swój narybek – przedsiębiorców, kadrę kierowniczą i wykwalifikowanych pracowników – w głównej mierze kształceniu i doskonaleniu zawodowemu. Ta forma kształcenia silnie traci jednak na atrakcyjności w wielu krajach nadbałtyckich. Młodzież coraz wyraźniej preferuje studia w szkołach wyższych i na uniwersytetach. Ponieważ studia te są ukierunkowane głównie teoretycznie i w znacznym stopniu zaniedbują sprawy praktyczne, zwłaszcza MSP, wysoka liczba studentów nie zapewnia też odpowiednich młodych przedsiębiorców i kadry kierowniczej. Wspieranie przedsiębiorczości i kwalifikowane kształcenie na przedsiębiorcę stają się w coraz większym stopniu decydującym czynnikiem niedoboru. Próby usunięcia tego niedoboru muszą jednocześnie służyć realizacji ważnych zadań wspierania innowacji w rzemiośle oraz w małej i średniej przedsiębiorczości.

13. W kontekście elastycznego, a zarazem bezpiecznego kształtowania rynku pracy o wysokiej produktywności istnieją wyraźne różnice pomiędzy poszczególnymi państwami dające potencjał do uczenia się od siebie nawzajem. Wspierać należy nowe formy współpracy wewnątrzzakładowej łącznie z polepszeniem zarządzania, w szczególności w czasach kryzysu. Należy traktować rozwój personalny i organizacyjny jako ważne pola innowacyjności dla gospodarki nadbałtyckiej i odpowiednio je wspierać. Dzięki temu można nie tylko wyczerpać istniejące rezerwy wydajności, ale jednocześnie pobudzić szeroki potencjał innowacyjny i znaleść nowe sposoby na opanowanie kryzysu.

14. Kooperacje mają duże i wciąż rosnące znaczenie. Basen Morza Bałtyckiego wydaje się jednak nadmiernie zorganizowany. Mnogość sieci współpracy, instytucji wspierających i transgranicznych powoduje wysoką czasochłonność i kosztochłonność koordynacji i bieżącej wymiany. Stawia to w obliczu problemów zwłaszcza małe i średnie przedsiębiorstwa, które potrzebują jednej osoby kontaktowej i usług z jednej ręki. W odniesieniu do małej i średniej przedsiębiorczości należy się skupić na rozwijaniu niewielkiej liczby sieci współpracy przy lepszym wzajemnym porozumieniu.

15. Dla małej i średniej przedsiębiorczości generalnie, a dla basenu Morza Bałtyckiego w szczególności rodzą się zasadniczo w średniej i dłuższej perspektywie znakomite szanse na przyszłość, które jednak nie są w wystarczający sposób dostrzegane, wykorzystywane i promowane przez polityków i administrację na wszystkich poziomach działania. Wyniki

ankiety Parlamentu Hanzeatyckiego we wszystkich krajach nadbałtyckich stoją częściowo w sprzeczności z dobrze widocznymi możliwościami:

⇨ 40% izb i organizacji małej i średniej przedsiębiorczości stwierdza, że współpraca w ramach promocji gospodarki na szczeblu samorządowym i regionalnym nie jest wystarczająca.

⇨ 60% członków Parlamentu Hanzeatyckiego twierdzi, że mała i średnia przedsiębiorczość nie jest w wystarczającym stopniu dostrzegana przez polityków; 75% uskarża się na brak wsparcia politycznego.

⇨ Niewystarczające wspieranie małych i średnich przedsiębiorstw przez administrację różnego szczebla stwierdza 75% izb i organizacji.

⇨ We wszystkich bez wyjątku sferach działania politycznego ponad trzy czwarte przedstawicieli małej i średniej przedsiębiorczości ocenia, że polityczne warunki ramowe i ustawodawstwo nie sprzyjają dalszemu rozwojowi małej i średniej przedsiębiorczości w ich regionie.

16. Małe i średnie przedsiębiorstwa nie wzywają przedwcześnie na pomoc państwa. Nawykły do działania na własną odpowiedzialność, brania swojego losu we własne ręce i także w przyszłości, wytężając siły, będą wykorzystywać swoje szanse. Przedsiębiorstwa muszą się szybko i elastycznie dostosowywać do zmieniających się dynamicznie ramowych warunków gospodarczych, a także poprzez swe innowacyjne działania nadawać im pożądany przez siebie kierunek. W interesie dobra wspólnego mała i średnia przedsiębiorczość wymaga jednak takich politycznych warunków ramowych i rodzajów wsparcia, które umożliwi i ułatwi im wykorzystywanie szans.

17. Rzemiosło i inne MSP wyszły z międzynarodowego kryzysu finansowego oraz światowej recesji obronną ręką, niektóre stały się nawet mocniejsze. I właśnie w tych czasach kryzysu MSP ponownie okazały się głównymi stabilizatorami gospodarki i całego społeczeństwa. W przeciwieństwie do dużych przedsiębiorstw, małe i średnie firmy nie zareagowały na kryzys zwolnieniami, ale starały się utrzymać pracowników, którzy są najcenniejszym zasobem firmy, tak długo jak tylko możliwe. Ta ważna funkcja stabilizacyjna oraz skuteczne zarządzanie kryzysowe powinny stać się dla polityków i administracji wszystkich szczebli okazją do stworzenia warunków ramowych sprzyjających małym i średnim przedsiębiorstwom, co z kolei prowadzi do zrównoważonego wzrostu

oraz zapobiega kryzysom w przyszłości. Sektor bankowy musi uznać, że ich spekulacje na rynkach kapitałowych doprowadziły do niewyobrażalnych miliardowych strat, a kredyty dla małych i średnich przedsiębiorstw charakteryzują się niższym ryzykiem i powinny dlatego być w przyszłości preferencyjną formą inwestowania.

# Rozdział 3

**Rozwój rzemiosła oraz MSP**

**Gospodarka w regionie Morza Bałtyckiego 2020**

Małe i średnie przedsiębiorstwa regionu nadbałtyckiego posiadają potencjał, który pozwoli im do roku 2020 na osiągnięcie następujących celów.

⇨ Region Morza Bałtyckiego należy do trzech najbardziej innowacyjnych i prężnych regionów na arenie międzynarodowej

⇨ Głównym filarem tego znaczącego rozwoju jest sektor małych i średnich przedsiębiorstw

⇨ Małym i średnim przedsiębiorstwom udaje się lepiej przejść przez kryzys i są one ważnym stabilizatorem gospodarki i społeczeństwa

⇨ Nowe i dodatkowe miejsca pracy powstają przede wszystkim w małych i średnich przedsiębiorstwach, wzrost jest szczególnie widoczny w zakładach zatrudniających mniej niż 10 pracowników

⇨ We wszystkich państwach nadbałtyckich panuje pełne zatrudnienie począwszy od lat 2012-2014

⇨ Sektor MSP zapewnia ponad 80% wszystkich miejsc pracy

⇨ Przy elastycznych strukturach rynku pracy powstają nowe, pewne miejsca pracy; również w czasach kryzysu firmy rzemieślnicze oraz MSP starają się zatrzymać osoby zatrudnione tak długo jak to jest możliwe

⇨ Wszystkie państwa nadbałtyckie osiągają najwyższe standardy w zakresie oświaty i realizują intensywne powiązanie pomiędzy szkołami, uniwersytetami oraz przedsiębiorstwami

⇨ Region Morza Bałtyckiego jest zdecydowanie najbardziej popularnym celem imigracji wysoko wykwalifikowanej kardy menedżerskiej oraz specjalistów

⇨ Region nadbałtycki prowadzi politykę powiązania ekonomii z ekologią i również na płaszczyźnie wewnątrz zakładowej kładzie się duży nacisk na zdrowe warunki pracy, wysoki poziom samoodpowiedzialności oraz odnajdowanie sensu w życiu zawodowym

⇨ Zaufanie postrzegane jest jako niezbędna zasada oraz niezwykle ważna cecha kulturowa przyczyniająca się do zabezpieczenia dobrobytu oraz konkurencyjności

⇨ Realizuje się ścisłą współpracę pomiędzy uniwersytetami, instytucjami badawczymi oraz MSP i uzyskuje najwyższy poziom innowacyjności

⇨ 75% nowych zgłoszeń patentowych pochodzi z sektora MSP

⇨ Rozwój personalny i organizatoryjny jest zdecydowanie najważniejszym polem realizowania innowacji

⇨ Poprzez współpracę wewnątrz zakładową wyzwalana jest energia społeczna, której następstwa gospodarcze są tak daleko idące, że związane z nimi zyski są wyższe niż istniejące na płaszczyźnie międzynarodowej różnice w kosztach pracy

⇨ Gospodarka regionu nadbałtyckiego wykazuje najwyższą w świecie produktywność

⇨ Gospodarka regionu nadbałtyckiego jest liderem na światowym rynku kluczowych produktów, w szczególności w sektorze technologii energetycznych, ochrony środowiska i zdrowia oraz w zakresie realizacji rozwiązań „szytych na miarę"

⇨ Ponieważ kredyty dla małych i średnich firm regionu nadbałytckiego są bezpieczniejsze niż kredyty udzielane dużym firmom, stosuje się dla nich preferencyjne stopy oprocentowania. Instytutucje kredytowe ściśle współpracują z MSP

⇨ Prowadzenie działalności gospodarczej w regionie Morza Bałtyckiego charakteryzuje się cechami charakterystycznymi dla uczciwego kupca i odznacza rzetelnością, innowacyjnością, jakością, szybkością oraz elastycznością.

⇨ Państwa oraz podregiony nadbałtyckie współpracują ze sobą na bazie wzajemnego zaufania i tworzą sytuacje win-win, korzystne zarówno dla rynku lokalnego jak i całego regionu. Do współpracy włączane są również kraje nie należące do UE.

⇨ Wewnątrz Unii Europejskiej Region Morza Bałtyckiego pełni rolę przywódcy

Te ambitne cele można osiągnąć w ciągu najbliższych 10 lat, jeśli przedstawiciele polityki na szczeblu lokalnym, regionalnym, krajowym i międzynarodowym tak ukształtują warunki ramowe aby były one sprzyjające małym i średnim przedsiębiorstwom i promowały ich rozwój. Można to osiągnąć realizując następujące cele i strategie.

## Cele i strategie polityczne

## Konkurencyjność

Wszelkie wzmacnianie konkurencyjności zgodnie ze wcześniejszą Strategią Lizbońską a teraz strategią Europa 2020 musi stanowić najwyższy priorytet, być intensywnie kontynuowane, a w przyszłości znacznie bardziej ukierunkowane na specyficzne uwarunkowania małych i średnich przedsiębiorstw. Niezwykle pilną sprawą jest wspieranie edukacji, innowacji oraz wzrostu i zapewnienia jakości produktów i usług.

Polityka wobec MSP musi być wiarygodna, ciągła i przewidywalna. Polityka gospodarcza i ustawodawstwo muszą być konsekwentnie ukierunkowane na specyficzne interesy małych i średnich przedsiębiorstw. Jeśli duże przedsiębiorstwa potrzebują innych rozwiązań, to powinny – stanowiąc mniejszość w gospodarce – otrzymać regulacje specjalne. Wszystkie ustawy oraz inne środki oddziaływania politycznego muszą zawierać solidną ocenę konsekwencji, łącznie ze skutkami finansowymi dla małych i średnich przedsiębiorstw.

Szybkość i elastyczność to znakomite atuty małych i średnich przedsiębiorstw. Są one jednak krępowane przez niepohamowaną biurokrację, a przez to pozbawiane tych – w przyszłości jeszcze o wiele ważiejszych – atutów. Poza tym małe i średnie przedsiębiorstwa, które muszą kontentować się bardzo niewielkimi marżami zysku, są niezwykle wrażliwe na koszty. Zalew biurokracji powoduje jednak wielkie obciążenie kosztami. Szerokie odbiurokratyzowanie należy do najważniejszych form wsparcia dla małej i średniej przedsiębiorczości, a zarazem umożliwi państwu duże oszczędności. Do pilnych spraw należą między innymi

⇨ Szerokie odbiurokratyzowanie we wszystkich sferach działania państwa oraz „konkurencja systemów" w basenie Morza Bałtyckiego. W sytuacji całkowicie otwartych granic rozwiązania przyjazne dla małej i średniej przedsiębiorczości w poszczególnych krajach mogą przełamać zastarzałe struktury w innych krajach i pobudzić regularną konkurencję o prowadzenie najlepszej polityki.

⇨ Regulacje specjalne i zwolnienie małych i średnich przedsiębiorstw z określonych nakazów i przepisów biurokratycznych, np. w dziedzinie statystyki, prawa podatkowego, prawa pracy, bhp itd.

⇨ Realizacja systemu zachęt dla pracowników administracji, który w wyraźnie odczuwalny sposób nagrodzi finansowo tych, którzy doprowadzą do największego odciążenia finansowego małej i średniej przedsiębiorczości.

Daleko idącego odbiurokratyzowania wymagają również unijne programy pomocy. Dzisiaj nie można zarekomendować żadnemu małemu ani średniemu przedsiębiorstwu ubiegania się o pomoc unijną, ponieważ obciążenie biurokratyczne związane ze złożeniem wniosku, realizacją i rozliczeniem znacznie przekracza możliwe zyski. Jest to problem nie tyle Komisji Europejskiej, lecz przede wszystkim administracji poszczególnych krajów i podległych im instytucji, którym powierzono realizację i rozliczanie programów. Przeważają tu strategie zabezpieczające, które wytwarzają ogromną ilość przepisów, warunków i biurokracji i zupełnie nie są zainteresowane pozytywnym efektem wsparcia. Trzeba przyjąć założenie, że obecnie do jednej trzeciej funduszy pomocowych ulega zmarnowaniu na bezsensowne nakazy biurokratyczne. W przyszłości powinno się w sposób zobowiązujący ustalić górną granicę na poziomie 10%. Kontrole powinno się konsekwentnie powierzać doradcom podatkowym i biegłym rewidentom, zmieniając jej charakter z kontroli *input* na kontrolę *output*.

## Edukacja

Basen Morza Bałtyckiego i jego mała i średnia przedsiębiorczość sprostają z powodzeniem międzynarodowej konkurencji tylko za sprawą największej siły innowacyjnej i najwyższej jakości. Wymaga to doskonałych kwalifikacji – są one najważniejszym zadaniem z punktu widzenia zapewnienia przyszłości i pomnażania dobrobytu. Prawdziwy skarb basenu Morza Bałtyckiego kryje się w głowach ludzi, w ich kreatywności, ich wiedzy, umiejętnościach i zaangażowaniu[6].

---

[6] Ze względu na ogromne znaczenie oświaty i edukacji, Parlament Hanzeatycki opracuje i opublikuje w 2011 odrębną koncepcję „Polityka oświatowa". Dlatego w tym miejscu jedynie streszczenie najważniejszych założeń i strategii.

⇨ Trzeba na szeroką skalę rozwijać kształcenie ogólne i podnosić jego skuteczność; intensyfikacji i dowartościowania wymaga zwłaszcza wczesna edukacja dzieci. Edukacja musi dotyczyć wszystkich zdolności umysłowych i manualnych, przekazywać wiedzę faktograficzną na równi z kompetencjami osobistymi i społecznymi oraz przedsiębiorczością. Politechniczne elementy nauczania mogą przyczynić się do przeciwdziałania przeintelektualizowanemu ideałowi edukacji.

⇨ Trzeba na szeroką skalę rozwijać i dowartościowywać kształcenie zawodowe. Zmniejszający się, a w niektórych krajach już bardzo niski odsetek młodych ludzi, odbywających kształcenie zawodowe, budzi zaniepokojenie. Pilnym zadaniem jest zapewnienie wysokiej drożności pomiędzy kształceniem akademickim, ogólnym i zawodowym, tworzenie zróżnicowanych ścieżek kształcenia zgodnie z poziomem osiągnięć, wzmocnienie praktycznych elementów kształcenia, skuteczne podnoszenie jakości oraz rozszerzenie wpływu i kompetencji gospodarki i jej samorządów.

⇨ Doskonalenie zawodowe odbywa się w przedsiębiorstwie, z drugiej zaś strony wymaga w sektorze małych i średnich przedsiębiorstw ponadzakładowych ośrodków edukacyjnych, które trzeba zapewnić w ramach samorządu gospodarczego. Te drogi kształcenia muszą być postrzegane i wspierane jako drogi kształcenia o tej samej wartości co akademickie drogi kształcenia oraz prowadzić w ramach systemów modułowych do uzyskiwania uznawanych w skali międzynarodowej dyplomów na wysokim poziomie.

⇨ Intensyfikacji wymaga wspieranie mobilności i zbieranie doświadczeń międzynarodowych juz podczas kształcenia zawodowego oraz przez pracowników wykwalifikowanych i kadrę kierowniczą. Wolne od biurokracji systemy zaliczania i wzajemnego uznawania dyplomów kształcenia i doskonalenia zawodowego są tego decydującym warunkiem, sprzyjają jakości i zapewniają przejrzystość.

⇨ Kształcenie akademickie musi w znacznie większym stopniu zwrócić się ku sektorowi małych i średnich przedsiębiorstw. Przykładowo pilnie potrzebne są ścieżki kształcenia elit z dużym udziałem praktyki (dualne kierunki studiów) dla przedsiębiorców i kadry kierowniczej w małych i średnich przedsiębiorstwach zarówno w dziedzinie techniki, jak i w dziedzinie ekonomiki                                                         przedsiębiorstw.

Zapewnienie młodych, doskonale wykwalifikowanych przedsiębiorców, kadry kierowniczej i wykwalifikowanych pracowników zadecyduje o przyszłości małej i średniej przedsiębiorczości w basenie Morza Bałtyckiego, stanowi zatem najważniejsze zadanie z zakresu wspierania gospodarki.

## Flexicurity

Rynki pracy w państwach regionu Morza Bałtyckiego wymagają wprowadzenia szerokiej elastyczności, która nie może jednak być ukierunkowana jednostronnie ze szkodą dla bezpieczeństwa pracowników. Należy wspierać nowe formy współpracy wewnątrz zakładowej łącznie z polepszeniem zarządzania, m.in. w czasach kryzysu oraz wyraźnym wzrostem produktywności.

Należy wprowadzić bardzo elastyczny wymiar czasu pracy, bez sztywnych granic. Zasadniczo pracować powinno się wtedy, kiedy w zakładzie jest praca. Po uzgodnieniu należy przejąć różne inne zadania lub poświęcić czas na naukę/dokształcanie lub wykorzystać jako czas wolny. Należy dążyć do daleko idącego uelastycznienia czasu pracy (w wymiarze dziennym, tygodniowym, rocznym oraz w przeciągu całego życia). Sztywne przepisy nakazujące od określonego wieku przechodzenie na emeryturę, powinny zostać zastąpione przez płynny sposób odchodzenia z życia zawodowego, możliwy również po skończeniu 70 roku życia. Wspierać należy również wielowymiarowe modele pracy, w których dochody uzyskuje się z kilku źródeł i tym samym zmniejsza się uzależnienie od jednego źródła i jednego przedsiębiorstwa.

W większości krajów basenu Morza Bałtyckiego konieczne jest zwiększenie stopnia aktywności zawodowej kobiet. Wymaga to miejsc pracy przystosowanych do potrzeb rodzin, elastycznego i odpowiedzialnego kształtowania czasu pracy, jobsharing, czyli dzielenia się etatem, zapewnienia opieki nad dziećmi zawierającej elementy wczesnego uczenia się, itp. Wspierać należy również aktywność zawodową osób starszych, których praca powinna być przystosowana do ich doświadczeń oraz indywidualnych możliwości.

Intensywnie należy wspierać mobilność regionalną i międzynarodową. Ponadto konieczne jest prowadzenie ukierunkowanej polityki imigracyjnej, która nie może być powiązana z określonym limitem dochodów.

120

Negatywne skutki podziału pracy takie jak utrata sensu pracy lub wzrost kosztów socjalnych, muszą zostać przezwyciężone poprzez kompleksową wewnątrz zakładową współpracę, umożliwiającą dalszy rozwój produktywności przy wysokim poziomie jakości. Pracownicy nie mogą być redukowani do numeru z umowy o pracę i „sprzedawania" ich siły roboczej. Materialne i niematerialne partycypowanie pracowników zyskuje coraz bardziej na znaczeniu. Radość z niezależności staje się ważnym czynnikiem. W centrum społeczeństwa i gospodarki musi w przyszłości stać wolny i odpowiedzialny człowiek. Podejście całościowe, współpraca oraz odpowiedzialność budowane na podstawie wzajemnego zaufania prowadzą do wykorzystania we wszystkich dziedzinach życia zawodowego i prywatnego darmowej energii społecznej. Podczas gdy pracownicy stają się współ-przedsiębiorcami, pracodawcy powinni nadawać sens pracy pracownika. W taki sposób region Morza Bałtyckiego osiągnie nowy poziom międzynarodowej konkurencyjności: przedsiębiorstwa nie konkurują ze sobą na płaszczyźnie płac i kosztów pracy, a o najlepsze wykorzystanie energii społecznej.

Nowa ekonomia powinna być ekonomią pełną przejrzystości i namacalności – zwłaszcza dla pracowników, ale również dla klientów. W małych i średnich przedsiębiorstwach istnieje silniejsze zakotwiczenie zasad etyki przedsiębiorczości, ponieważ w tych firmach przejrzystość i bezpośrednia namacalność są o wiele bardziej wyraźne. W rzemiośle oraz innych małych i średnich przedsiębiorstwach człowiek cieszy się szczególnym uznaniem. Miejsca pracy nie są zagrożone, pracowników zatrudnia się nawet w czasach kryzysu.

W kontekście elastycznego a jednocześnie bezpiecznego kształtowania rynku pracy z wysoką produktywnością, w poszczególnych krajach regionu nadbałtyckiego istnieją wyraźne różnice pozwalające na uczenie się od siebie nawzajem. Należy traktować rozwój personalny i organizacyjny jako ważne pola innowacyjności dla gospodarki nadbałtyckiej i odpowiednio je wspierać. Dzięki temu można nie tylko wyczerpać istniejące rezerwy wydajności, ale jednocześnie pobudzić szeroki potencjał innowacyjny i znaleść nowe sposoby na opanowanie kryzysu.

## Innowacje, badania naukowe i rozwój

Basen Morza Bałtyckiego był historycznie rzecz biorąc jednym z najbardziej innowacyjnych regionów świata i także dziś dysponuje znakomitymi potencjałami innowacji, które trzeba rozbudzać i wykorzystywać. Konkurencję międzynarodową można wygrać tylko pod warunkiem, że basen Morza Bałtyckiego będzie szybszy i lepszy niż inne regiony i znów stanie się najbardziej innowacyjnym obszarem świata.

⇨ Skuteczne strategie innowacji w basenie Morza Bałtyckiego muszą rozszerzać specyficzne dla tego regionu atuty, promować kooperację terytorialną w zakresie atutów i podziału pracy oraz wykorzystywać różnice kulturowe jako potencjał kreatywności.

⇨ Wyróżniające się pola innowacji sektora małych i średnich przedsiębiorstw dotyczą zwłaszcza wszystkich dziedzin, w których obecnie występują dotkliwe wąskie gardła. W dziedzinach stanowiących wąskie gardła: energetyce, ochronie klimatu i środowiska, ochronie zdrowia, możliwościach przetwarzania informacji i rozwiązywania problemów, elektronicznych systemach produkcji i komunikacji oraz w rozwoju kadr i organizacji basen Morza Bałtyckiego dysponuje zarówno znakomitymi możliwościami dydaktycznymi i naukowo-badawczymi, jak i wielkim potencjałem przedsiębiorczości, dzięki czemu powstają tu szczególnie obiecujące przesłanki prowadzenia planowej polityki innowacyjnej.

⇨ Wspieranie badań naukowych i rozwoju przez państwo oraz realizacja zadań w tym zakresie przez uniwersytety i szkoły wyższe musi znacznie bardziej intensywnie i konsekwentnie zwracać się do małej i średniej przedsiębiorczości.

⇨ Wspieranie rozwoju klastrów zaawansowanej technologii jest ważną częścią prowadzonej polityki wspierania innowacji. Szczególnie intensywnie powinno się jednak również realizować promocję innowacyjności w małych i średnich przedsiębiorstwach. W tym względzie potrzebna jest ukierunkowana na klienta definicja innowacji i szerzej rozumiana polityka wsparcia, uwzględniające w szerokim stopniu rozwój odpowiednio dostosowanych technik i nowych produktów, nowe formy organizacyjne i włączanie pracowników do procesów innowacji lub transferu technologii.

⇨ Transfer innowacji, tak ważny dla małych i średnich przedsiębiorstw, musi stać się wiążącym zadaniem obowiązkowym szkół wyższych i uniwersytetów. Prace pisane w ramach studiów i prace dyplomowe powinny konsekwentnie nawiązywać do zadań rozwojowych małych i średnich przedsiębiorstw.

⇨ Współpraca pomiędzy szkołami wyższymi i uniwersytetami a małymi i średnimi przedsiębiorstwami musi być znacznie udoskonalona i rozszerzona. Funkcje pośredniczące mogą wziąć na siebie izby jako doskonałe instytucje wspierające małą i średnią przedsiębiorczość.

⇨ Szkoły wyższe i uniwersytety powinny razem z izbami w całym basenie Morza Bałtyckiego rozwijać ukierunkowane tematycznie centra kompetencji, stanowiące siłę napędową i platformę rozwoju innowacji dla małych i średnich przedsiębiorstw, zapewniające transfer wiedzy i technologii oraz realizujące zadania badawczo-rozwojowe. Dzięki intensywnej kooperacji te centra kompetencji mogą tworzyć kompletne oferty obejmujące transfer, doradztwo, badania naukowe i rozwój, doskonalenie zawodowe itd. i zapewniać świadczenie wszystkich usług potrzebnych MSP z jednej ręki.

⇨ Te poszczególne centra kompetencji utworzą ogólnobałtycką sieć współpracy, która zajmie się wszystkimi istotnymi zagadnieniami małej i średniej przedsiębiorczości. Centrum koordynacyjne sieci ogólnobałtyckiej powinno zapewnić współpracę i działać jako motor, koordynator, think tank i usługodawca na rzecz nieustannej realizacji strategii kształcenia i innowacji dla małych i średnich przedsiębiorstw.

## Podatki i opłaty na cele socjalne

Podatki nie wydają się generalnie zbyt wysokie. Wysoko rozwinięta gospodarka narodowa wymaga również sprawnego państwa, posiadającego możliwości finansowania i inwestowania, które pozwoli na stworzenie infrastruktury, zapewnienie edukacji badań naukowych i rozwoju oraz realizację zadań z zakresu bezpieczeństwa socjalnego. Decydujące znaczenie ma przejrzyste, proste prawo podatkowe o jak najwyższym stopniu sprawiedliwości podatkowej.

W celu utrzymania łącznych przychodów z podatków mała i średnia przedsiębiorczość pilnie potrzebuje ulg, które metodycznie wzmocnią zasoby kapitału własnego i siłę inwestycyjną małych i średnich przedsiębiorstw.

Basen Morza Bałtyckiego nie wytrzyma konkurencji z krajami o niskich wynagrodzeniach. Jego szanse polegają na sile i tempie innowacji, na znakomitych kwalifikacjach pracowników oraz na najwyższej jakości produktów i usług. Muszą się z tym wiązać wynagrodzenia wyższe od przeciętnej. Głównym problemem rzemiosła oraz małych i średnich przedsiębiorstw są narastające pozapłacowe koszty pracy w wielu krajach nadbałtyckich. Niezbędne są konsekwentne oszczędności i przywrócenie większej odpowiedzialności własnej we wszystkich dziedzinach zabezpieczenia społecznego.

Ponadto musi na dużą skalę nastąpić oddzielenie składek na ubezpieczenia społeczne od pracy oraz finansowanie wydatków socjalnych z podatków. Koncepcja ta została już zrealizowana w niektórych krajach nadbałtyckich z dobrym skutkiem dla dobrobytu i zatrudnienia. Celem takiej polityki nie może być ujednolicenie kosztów pracy w basenie Morza Bałtyckiego na niższym lub niskim poziomie, lecz stworzenie warunków konkurencji na uczciwych warunkach.

Składki i opłaty na cele socjalne muszą być zasadniczo w większym stopniu ukierunkowane na to, by za ich pośrednictwem jednocześnie wspierać innowacje i zapewnić przedsiębiorstwom trwałe i skuteczne zachęty do innowacyjnego gospodarowania. Jeśli na przykład koszty socjalne, dziś powiązane z pracą, będą finansowane częściowo za pośrednictwem opodatkowania energii i produktów związanych ze środowiskiem, wystąpią dwa bardzo pożądane efekty: z jednej strony spadną koszty pracy, ponieważ pozapłacowe koszty pracy będą finansowane z podatków. Jednocześnie dzięki opodatkowaniu skąpe zasoby energii i środowiska podrożeją, tworząc zachęty ekonomiczne dla innowacji w sferze energetyki i ekologii.

## Zaopatrzenie w kapitał

Kapitał płynie tam, gdzie są najwyższe stopy zysku. Obecnie inwestowanie w akcje opłaca się bardziej niż inwestowanie w małe i średnie przedsiębiorstwa. Ta

124

niezwykle szkodliwa dla gospodarki narodowej patologiczna sytuacja, która systematycznie pozbawia małą i średnią przedsiębiorczość niezbędnego kapitału, pilnie wymaga zasadniczych korekt. Pilnie konieczne są wszelkiego rodzaju działania na rzecz poprawy stopy zysku i zwiększenia kapitału własnego małych i średnich przedsiębiorstw w celu zabezpieczenia i tworzenia miejsc pracy.

Instytucje kredytowe muszą wyciągnąć wnioski z międzynarodowego kryzysu finansowego i rozpoznać, że udzielanie kredytów oraz inwestowanie w małe i średnie przedsiębiorstwa jest związane z porównywalnie najniższym ryzykiem i przyczania się do wzmacniania całej gospodarki. W związku z tym należy odpowiednio kształtować warunki udzielania kredytów, a instytucje kredytowe powinny być prawdziwymi partnerami dla małych i średnich przedsiębiorstw.

Dla instytucji kredytowych należy stworzyć lepsze zachęty do przekazywania funduszy pomocowych dalej. Trzeba zapewnić zwłaszcza bezproblemowe udostępnianie kapitału na innowacje i kapitału ryzyka, na przykład poprzez:

⇨ Rozszerzenie regionalnych wspólnot gwarancyjnych i ich lepsze wyposażenie w kontrgwarancje państwa.

⇨ Tworzenie regionalnych funduszy dla małych i średnich przedsiębiorstw w celu promocji innowacji z efektywnym kosztowo udostępnianiem kapitału ryzyka i udziałów kapitałowych.

⇨ Stworzenie bałtyckiego banku inwestycyjnego dla małych i średnich przedsiębiorstw.

## Współpraca międzynarodowa

We współpracy gospodarczej z zagranicą kryją się jeszcze w znacznej mierze niewykorzystane potencjały dla małej i średniej przedsiębiorczości. Aby wykorzystać te szanse, małe i średnie przedsiębiorstwa potrzebują szczególnych form wsparcia i pomocy, na przykład:

⇨ Zapewnienia szczegółowych informacji o poszczególnych krajach, kursów językowych, imprez informacyjnych, seminariów i doradztwa eksportowego itd.

⇨ Prowadzenia metodycznie przygotowywanych giełd kooperacji oraz doradztwa i asystowania w procesie współpracy po nawiązaniu pierwszego kontaktu.

⇨ Pośrednictwa w nawiązywaniu mających duże i rosnące znaczenie różnego rodzaju kooperacji transgranicznych na poziomie przedsiębiorstw oraz ich wspierania.

• Szczególnie w rzemiośle działalność transgraniczna bywa często nawiązywana i promowana dzięki osobistym spotkaniom i obcokrajowcom, którzy pracują lub pracowali w danej firmie. Także transfer know-how odbywa się głównie za pośrednictwem konkretnych osób. Dzięki nowym formom wędrówek czeladników i mistrzów można przełamać zmurszałe struktury i skutecznie wspierać innowacje. Uczeniu się od siebie nawzajem oraz dalszemu rozwojowi i podnoszeniu jakości kształcenia i doskonalenia zawodowego sprzyja w dużej mierze wymiana międzynarodowa. W kontekście jej ogromnego znaczenia mobilność w UE, a także w basenie Morza Bałtyckiego jest o wiele za mała. Bariery dla mobilności, takie jak przeszkody prawne i administracyjne, bariery językowe, brak uznawania dyplomów kształcenia zawodowego, różnice gospodarcze i społeczne, a także koszty transakcji z powodu braku przejrzystości instytucjonalnej muszą być zdecydowanie usuwane.

• Kraje sąsiadujące z UE – Rosja, Białoruś i Ukraina – muszą być bez ograniczeń włączone do współpracy. Szczególnie trudna jest w tym kontekście sytuacja w regionie Kaliningradu, ponieważ obowiązek wizowy stanowi prawie niemożliwą do przezwyciężenia przeszkodę dla małych i średnich przedsiębiorstw. Pilnie potrzebna jest wspaniałomyślna regulacja specjalna.

• Zwłaszcza w Rosji organizacje gospodarcze uskarżają się na brak jednoznacznej politycznej koncepcji rozwoju małej i średniej przedsiębiorczości i żądają z tego powodu obszernej ustawy o promocji małej i średniej przedsiębiorczości. Ponadto zaleca się, by Rosja, Białoruś i Ukraina, wykorzystując doświadczenia innych krajów nadbałtyckich, wspólnie opracowały i we wzajemnym porozumieniu zrealizowały koncepcję wspierania małych i średnich przedsiębiorstw generalnie i kooperacji transgranicznych w szczególności.

## Samorząd gospodarczy

Małe i średnie przedsiębiorstwa nie mogą dysponować tak jak korporacje wewnętrznymi funkcjami sztabowymi, odpowiedzialnymi za rozmaite zadania związane z kierowaniem przedsiębiorstwem. W małych i średnich przedsiębiorstwach takie funkcje sztabowe i zadania wspierające muszą być realizowane zewnętrznie w ramach samorządu gospodarczego. Izby są głównymi usługodawcami, którzy w bliskim kontakcie z przedsiębiorstwami i niezawodnie zapewniają swoim członkom konieczną pomoc i wsparcie, oferując usługi o wymiernej wartości materialnej.

Funkcje regulacyjne powinny być, o ile to możliwe, przekazywane przez państwo izbom, tak aby można je było realizować bez zbędnej biurokracji w stosunku do małych i średnich przedsiębiorstw jako usługę świadczoną z jednej ręki. Izby potrafią realizować zadania regulacyjne w sposób bardziej efektywny kosztowo i bliższy przedsiębiorstwom niż państwo i idealnie łączyć je z zadaniami promocyjnymi. Zwłaszcza zadania dotyczące kształcenia i doskonalenia zawodowego, prawa działalności gospodarczej, ochrony środowiska i ochrony zdrowia powinny zostać przekazane samorządowi gospodarczemu, aby w większym stopniu były realizowane w ramach odpowiedzialności własnej gospodarki.

Zadaniem izb jest również jeszcze intensywniejsze i skuteczniejsze wzmacnianie świadomości przedsiębiorstw co do znaczenia innowacji, edukacji, zapewnienia jakości i międzynarodowych kooperacji, na przykład poprzez

⇨ Budowę systemów informacyjnych służących objaśnieniu obrazu świata zewnętrznego i wskazywaniu zagrożeń wynikających z rozwoju sytuacji na rynku.
⇨ Krajowe i międzynarodowe fora biznesu.
⇨ Programy edukacyjne i informacyjne w telewizji.
⇨ Programy edukacyjne uniwersytetów dostosowane do potrzeb gospodarki.

Jako główna instytucja służąca promocji małej i średniej przedsiębiorczości izby powinny być rozwijane, dostrzegane i wzmacniane. W tym celu oraz w celu zapewnienia i promocji współpracy międzynarodowej trzeba stworzyć w państwach nadbałtyckich porównywalną ustawę w sprawie wspierania małej i średniej przedsiębiorczości.

Na szczeblu regionalnym należy rozwijać sieci wspierania rzemiosła oraz małej i średniej przedsiębiorczości, aby połączyć wszystkie siły i skierować je konsekwentnie na małe i średnie przedsiębiorstwa. W tych sieciach izby powinny przejąć główną funkcję inicjatywną, koordynacyjną i kontaktową, włączając do nich zwłaszcza administrację publiczną, uniwersytety, szkoły wyższe i inne instytucje wspierające. Za pośrednictwem izb jako głównego partnera kontaktowego przedsiębiorstwa mogą wykorzystać wszystkie potencjały regionu.

W ramach tych sieci zadaniem izb jest także stałe włączanie interesów małej i średniej przedsiębiorczości do działalności partnerów sieci (polityków, administracji, uniwersytetów, szkół wyższych itd.). Obowiązki informacyjne, takie jak prawa izb do współdziałania powinny być jasno uregulowane w ustawie o wspieraniu małej i średniej przedsiębiorczości.

Poszczególne sieci regionalne powinny być intensywnie włączane do ogólnobałtyckiej wspólnej sieci rozwoju i wspierania rzemiosła oraz małej i średniej przedsiębiorczości. Taka wspólna sieć współpracy małej i średniej przedsiębiorczości powinna objąć najrozmaitsze istniejące sieci i instytucje wspierające, tak aby zarówno na szczeblu lokalnym i regionalnym, jak i ogólnobałtyckim stworzyć w miarę możliwości jednolitą sieć wsparcia, oferującą małym i średnim przedsiębiorstwom wszystkie najistotniejsze usługi z jednej ręki. Instytucje wspierające muszą zapewnić to ujednolicenie i koordynację, nie wolno im obciążać tym przedsiębiorstw.

Dzięki takiej jednolitej sieci wsparcia na szczeblu regionalnym i ogólnobałtyckim można optymalnie wspierać także transgraniczną działalność małych i średnich przedsiębiorstw, innowacje i uczenie się od siebie nawzajem, wykorzystywanie regionalnych atutów i kultur oraz regionalny podział pracy. Zadaniem wspólnej sieci ogólnobałtyckiej, która musi być koordynowana przez centralę usługową, i podsieci regionalnych jest wszelkiego rodzaju wspieranie rzemiosła oraz małej i średniej przedsiębiorczości, a także zwiększanie siły gospodarczej w podregionach i w całym basenie Morza Bałtyckiego.

# Цели и стратегии развития малого и среднего бизнеса в Балтийском регионе

# Предисловие

С 1994 г. в рамках Ганзейского парламента в Балтийском регионе сотрудничают палаты и организации по поддержке малого и среднего предпринимательства. В 2004 г. было основано объединение «Ганзейский парламент», в который входят 47 ремесленных, торгово-промышленных палат, а также ассоциации средних предприятий из всех стран, прилегающих к Балтийскому морю, которые в общей сложности представляют интересы примерно 450.000 малых и средних предприятий.

Ганзейский парламент интенсивно занимается повышением конкурентоспособ-ности Балтийского региона в целом и поддержкой малых и средних предпри-ятий в частности. Чтобы обеспечить долговременное стимулирование иннова-ций, по инициативе объединения в 2010 г. была основана Baltic Sea Academy e. V. (Академия Балтийского моря), объединяющая 13 вузов и университетов из 9 стран Балтийского региона. Ее члены проводят дуальные бакалаврские курсы, обеспечивают передачу знаний и технологий и занимаются задачами по иссле-дованиям и разработкам для малых и средних предприятий.

Настоящая программа содержит первоочередные хозяйственно-политические задачи. В дополнение к ней Ганзейский парламент в 2011 и 2012 гг. разрабо-тает и опубликует специальные стратегические концепции: „Политика в сфере образования“ и „Инновационная и региональная политика“. Хозяйственно-поли-тическая стратегическая концепция была разработана в 2009 - 2010 гг. в рамках международных совещаний, конференций и рабочих групп Ганзейского парла-мента. В разработке приняли участие представители всех стран Балтийского региона, а именно:

- Президенты, члены правления, директора и сотрудники 47 палат и объединений, являющиеся членами Ганзейского парламента
- Профессора и научные сотрудники 12 вузов и университетов Балтийской академии
- Представители малых и средних предприятий

- Политики, а также представители общественных органов управления и институтов стимулирования экономической деятельности на местном, региональном и национальном уровне
- Секретариат Ганзейского парламента

Здесь предлагается совместная хозяйственно-политическая программа по развитию малых и средних предприятий во всем Балтийском регионе. Она содер-жит цели и стратегии, которые 47 участвующих палат и объединений хотят до-нести до политиков и органов управления на местном, региональном, нацио-нальном и международном уровне, и согласованно представить их в рамках своих задач по представительству интересов во всем Балтийском регионе.

За счет этого для самой крупной и самой важной экономической сферы Балтийского региона предлагается совместная программа, которая учитывает интересы как малых и средних предприятий и их работников, так и общее благосостояние, и которую совместными усилиями должны реализовать политические деятели, органы управления, палаты, объединения и научные учреждения.

# Глава 1: Выводы

В Балтийском регионе с середины 90-х годов прошлого столетия отмечались высокие темпы роста. Согласно результатам одного из прогнозов роста до 2030 года реальный валовой внутренний продукт на душу населения в восточных странах, прилегающих к Балтийскому морю, будет расти быстрее, чем в запад-ных странах региона. Несмотря на это, разница в доходах на душу населения между странами в Балтийском регионе даже в 2030 г. будет еще довольно зна-чительной.

Малые и средние предприятия имеют большую долю в экономике и занятости в Европе. 99 % всех предприятий в Европейском Союзе - это малые и средние предприятия; они составляют примерно две трети всех рабочих мест в частной экономике в Европе. В Балтийском регионе эта доля еще выше.

В то время как в восточной части Балтийского региона наблюдалась значитель-ная убыль населения, в западной части отмечался рост населения. Это разли-чие касается также динамики изменения численности экономически активного населения. Население в Балтийском регионе до 2030 г. сократится в общей сложности на 11,6 %, что соответствует более 11 миллионам человек. Ввиду этих тенденции развития следует ожидать недостаток специалистов, который отмечается уже сегодня во многих сферах народного хозяйства. Между отдель-ными участниками рынка и странами/регионами возникает значительная конку-ренция вокруг специалистов и молодежи.

Так как тенденция растущего значения наукоемких услуг и отраслей промыш-ленности неразрывно связана с растущей потребностью в квалифицированных кадрах, то „знания" являются в будущем решающим ресурсом. По сравнению со всей Европой обеспеченность капиталом в виде рабочей силы в Балтийском регионе выше среднего, так что в области экономики знаний существует значи-тельный потенциал развития в регионе.

Также Балтийский регион, несмотря на членство в ЕС большинства стран, при-легающих к Балтийскому морю, по-прежнему отличается серьезными препятст-виями мобильности для международной интеграции рынка труда. Но она имеет огромное значение для укрепления потенциала развития экономических регио-нов в Балтийском регионе.

Рамочные условия будут благоприятствовать скорее развитию малых и средних предприятий, оптимальная величина предприятия уменьшится. Новые и дополнительные рабочие места за последние 20 лет возникли практически только на малых и средних предприятиях. Эта тенденция будет усиливаться еще больше.

Малые и средние предприятия являются хребтом экономики. У Балтийского региона отличные перспективы превратиться в инновационный регион с силь-ной экономикой и мировым значением.

В качестве устойчивой альтернативы глобализации все больше проявляется регионализация и децентрализация. Из этого Балтийский регион, как крупный экономический регион с разными культурами, сильными сторонами и потенци-алами своих отдельных регионов, может извлечь особо большую выгоду.

Культурное многообразие Балтийского региона и разнообразие отдельных стран и регионов имеют большие шансы. У открытых рынков нет другой альтер-нативы. Кто замыкается, тот проиграет!

Построение будущего требует интенсивной кооперации: „Связи важнее продукции". Информационные технологии как пути решения проблем будут кстати.

Выдающаяся профессиональная подготовка во всех сферах является решающей предпосылкой долговременного экономического успеха. У малых и сред-них предприятий в условиях национальной, а также международной конкурен-ции шансы будут только за счет максимального инновационного потенциала и высшего уровня качества. Воспитание молодого поколения предпринимателей, руководящих кадров и специалистов с выдающейся профессиональной подго-товкой решит будущее средних предприятий в Балтийском регионе и тем самым наиважнейшую задачу их поддержки.

Для среднего бизнеса вообще, и для Балтийского региона в частности, в данное время возникают средне- и долгосрочные шансы на будущее, которые, правда, не достаточно серьезно воспринимаются, используются и поддерживаются органами власти и управления на всех уровнях практических действий. Для использования всех потенциалов и для преодоления изменения структуры, среднему бизнесу нужна целенаправленная помощь, облегчающая актуальные проблемные ситуации и направленная на средне- и долгосрочные перспективы.

## Перечень политических предложений

### Конкурентоспособность

⇨ Надежное воплощение стратегии «Европа 2020»
⇨ Повышение и обеспечение качества продуктов и услуг
⇨ Глубокая дебюрократизация и изменение методов реализации программ ЕС по поддержке

### Образование

⇨ Улучшение профессиональной подготовки и воспитания молодого поко-ления предпринимателей, руководящих кадров и специалистов, как важ-нейшая задача поддержки
⇨ Создание гибкой и прозрачной системы образования
⇨ Повышение эффективности общего образования с интенсивной поддерж-кой детей младшего возраста, а также передача знаний и личной соци-альной компетенции
⇨ Повышение привлекательности профессиональной подготовки и повы-шения квалификации и увеличение практических занятий
⇨ Повышение ценности курсов повышения профессиональной квалифи-кации и небюрократическое международное признание дипломов
⇨ Увеличение практических занятий в академической профессиональной подготовке и интенсивная направленность на потребности малых и сред-них предприятий

### «Flexicurity» (флексикьюрити или «гибкая защищенность»)

⇨ Развитие новых форм внутрипроизводственной кооперации и улучшение менеджмента, в особенности для преодоления кризисных времен и по-вышения производительности труда

⇨ Обширное установление гибкой системы распределения дневного, не-дельного, месячного и годового рабочего времени, а также поддержка многомерности форм труда

⇨ Повышение доли трудозанятости женщин и пожилых людей

⇨ Продолжительное развитие мобильности а также целенаправленной миг-рационной политики, не основанной на границах доходов

⇨ Повышение доли материального и нематериального участия работников на предприятии и использование социальной энергии

⇨ Упрочение принципов производственной этики и создание прозрачности и сенсибилизации

⇨ Интенсивная поддержка учения друг у друга, а также развитие органи-зации и персонала, как наиважнейшая инвестиция в экономику Бал-тийского региона

## Инновации, исследования и разработки

⇨ Использование культурного многообразия и согласованное региональное разделение труда в зависимости от специфических сильных сторон

⇨ Концентрация на узких местах с их потенциалом развития: энергия, защита климата и охрана окружающей среды, здравоохранение, ресурсы по обработке данных и решению проблем, электронные системы произ-водства и связи, а также развитие персонала и организации

⇨ Последовательная направленность на потребности среднего бизнеса

⇨ Концентрация не на высокотехнологичных кластерах, а на обширном стимулировании инноваций с ориентацией на потребителей

⇨ Передача инноваций, а также исследований и разработок малым и средним предприятиям как обязанность вузов и университетов

⇨ Улучшение сотрудничества между вузами и университетами, а также малыми и средними предприятиями

⇨ Развитие тематических центров компетенции в вузах и университетах, совместно с палатами

⇨ Создание общебалтийской сети по стимулированию инноваций для среднего бизнеса

## Налоги и социальные отчисления

⇨ Создание прозрачного простого налогового права с максимумом налого-вой справедливости

⇨ Улучшение обеспеченности собственным капиталом и инвестиционных возможностей для малых и средних предприятий

⇨ Формирование большей собственной ответственности и более глубокое размежевание расходов на социальные нужды от фактора труда

⇨ Налоги и социальные отчисления направлять на формирование сильных стимулов для инноваций

## Обеспечение капиталом

⇨ Повышение доходов и обеспеченности собственным капиталом на малых и средних предприятиях

⇨ Более сильные стимулы для кредитных учреждений для передачи суб-сидий

⇨ Создание региональных ассоциаций поручителей с улучшенной обеспе-ченностью государственными обратными поручительствами

⇨ Создание региональных фондов для малых и средних предприятий для предоставления рискового и акционерного капитала

⇨ Создание общебалтийского инвестиционного банка для малых и средних предприятий

## Международная кооперация

⇨ Направленная поддержка малых и средних предприятий с целью использования большого потенциала роста во внешнеэкономической деятельности

⇨ Устранение препятствий и поддержка мобильности и укрепление личных встреч

⇨ Создание исключения для обязательного получения визы в Калининградской области

⇨ Разработка общей стратегической концепции для развития малого и среднего бизнеса в России, Беларуси и Украине

**Экономическое самоуправление**

⇨ Признание и укрепление палат как главной организации поддержки среднего бизнеса в Балтийском регионе

⇨ Интенсивная передача задач государственного уровня палатам с целью предложения и оказания экономичных, отвечающих потребностям пред-приятий, услуг из одних рук

⇨ Создание сравнимого закона об экономическом самоуправлении во всех странах, прилегающих к Балтийскому морю

⇨ Повышение сознательности предпринимателей в отношении значения инноваций, образования, обеспечения качества и международной коопе-рации

⇨ Концентрация институтов стимулирования экономической деятельности и создание единой сети поддержки малых и средних предприятий на реги-ональном и общебалтийском уровне

# Глава 2: Средний бизнес в Балтийском регионе[7]

В следующих анализах и прогнозах, при помощи отдельных показателей, опи-сываются тенденции экономического развития в отдельных странах Балтийс-кого региона. Сравниваемые показатели иллюстрируют разницу в развитии раз-личных стран, однако не должны восприниматься как масштаб для определе-ния будущих целей и путей развития стран и регионов.

## Общеэкономическое развитие

В Балтийском регионе с середины 90-х годов прошлого столетия отмечались высокие темпы роста. В частности в (бывших) странах с переходной экономи-кой динамика экономического развития значительно превысила средние пока-затели ЕС15 за период с 1995 по 2009 гг. Но также Финляндия, Швеция и Нор-вегия росли значительно быстрее средних показателей ЕС. Дания и Германия, напротив, остались ниже средних показателей ЕС. Развитие Балтийского реги-она за последние годы характеризуется, таким образом, значительными дис-пропорциями в отношении экономического роста.

---

[7] Глава 2 в основном ссылается на

  e) Гамбургский институт международной экономики, в центре Baltic Education, Ганзейский парла-мент, Гамбург 2008 г.

  f) Ганзейский парламент: Политические рамочные условия и поддержка малого и среднего бизнеса в Балтийском регионе, Гамбург 2006 г.

**Валовой внутренний продукт на душу населения, 2009, уровень покупательной способности, в евро**

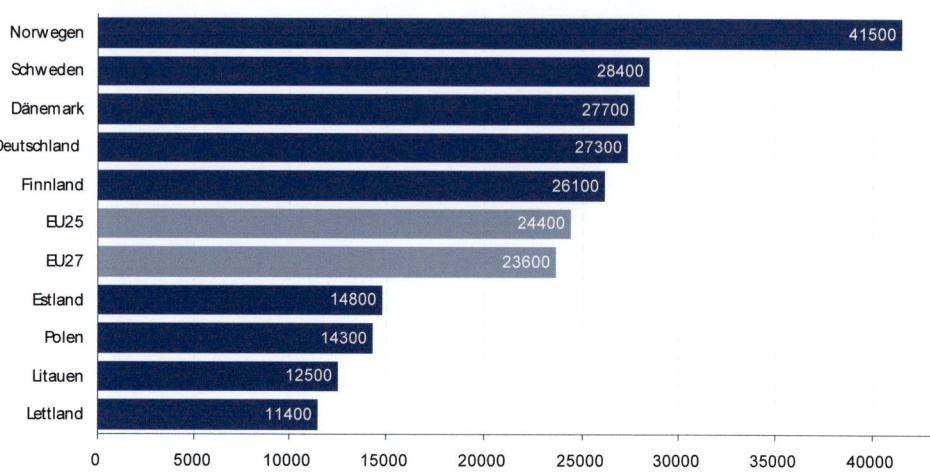

Источник: EUROSTAT (2010), график предоставлен HWWI

Одновременно развитие в Балтийском регионе характеризуется устранением диспропорций между Востоком и Западом. Экономики новых стран ЕС стремят-ся к более высокому уровню развития и более высокому уровню жизни запад-ных стран, прилегающих к Балтийскому морю. В настоящее время темпы роста в относительно новых странах ЕС сильно отличаются друг от друга. Высокие темпы роста в основном доминируют в районе крупных центров – в частности в столичных регионах. Процессы сближения будут продолжаться, а разница в доходах между „относительно богатыми" и „ относительно бедными" странами, прилегающими к Балтийскому морю, со временем все больше уменьшаться. До 2030 года реальный валовой внутренний продукт на душу населения в восточ-ных странах Балтийского региона будет расти предположительно быстрее, чем в западных странах региона. Однако разница в доходах на душу населения между странами в Балтийском регионе даже в 2030 г. все еще будет значитель-ной.

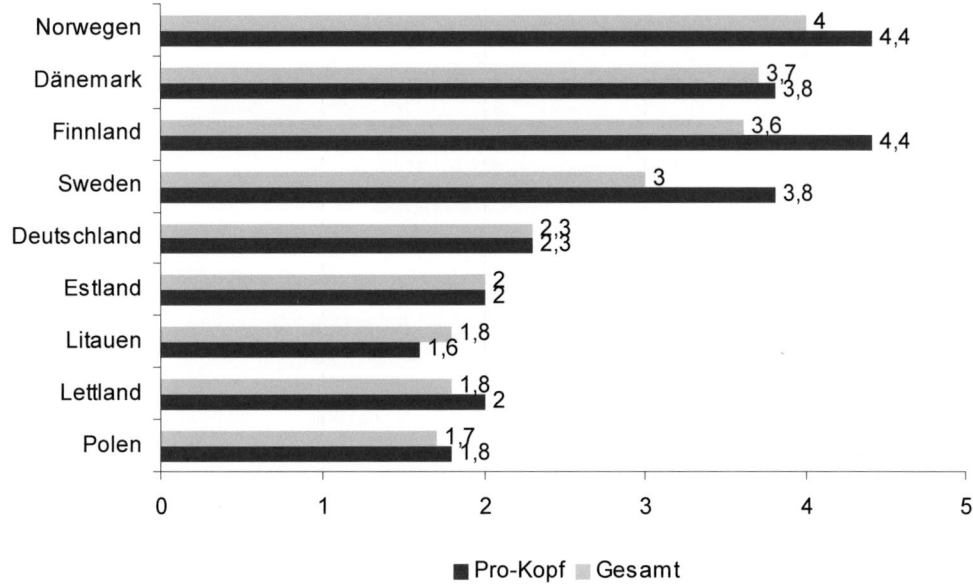

ВВП, прогноз 2006-2030, средние реальные темпы роста в год в %

Pro-Kopf = На душу населения; Gesamt = всего

Источник: Продовольственная и сельскохозяйственная организация ООН (ФАО): Сводный отчет: Мировое сельское хозяйство до 2015/2030, Продовольственная и сельскохозяйственная организация Организации Объединенных наций, Рим 2002.

## Доход на душу населения, KKS, 2006 и 2030 гг.

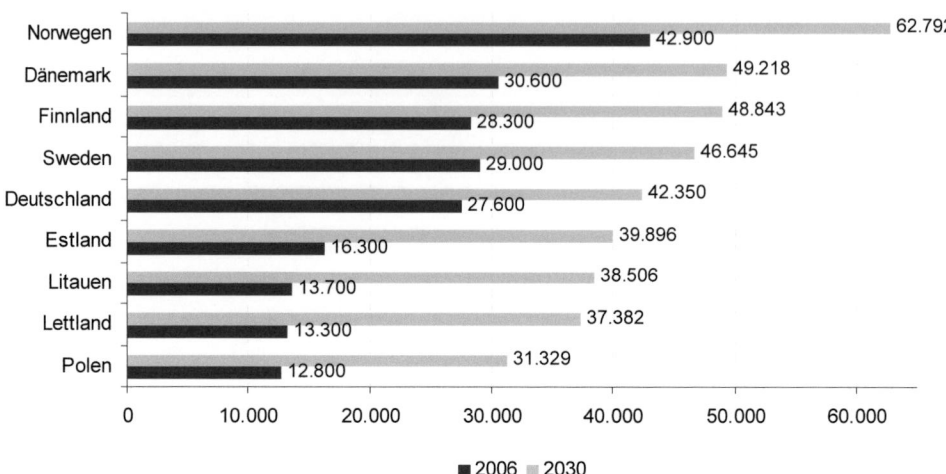

Источник: FAO: Отчет и EUROSTAT: Базы данных; расчеты HWWI.

## Структура экономики

Как раз скандинавские страны Норвегия, Дания и Швеция в секторе услуг име-ют долю, превышающую средние показатели ЕС15 и ЕС25. Интересно, что до-ля в сельском и лесном хозяйстве в Финляндии и Эстонии одинаковы – соот-ветственно 2,7% и 2,6% в 2009 г. Польша, Литва и Латвия по сравнению с дру-гими имеют самую большую долю в сельском и лесном хозяйстве, которая намного выше средних показателей ЕС25. В целом, на основе вышеизложен-ного, можно сделать вывод, что переход к постиндустриальному обществу в посткоммунистических странах еще не завершен. Будущее развитие новых стран-членов ЕС в Балтийском регионе будет среди прочего зависеть от того, с какой скоростью будет протекать процесс перехода к постиндустриальному обществу и в какие продуктовые ниши подадутся эти новые предприятия.

## Структура экономики стран, прилегающих к Балтийскому морю, в 2009 г., в %

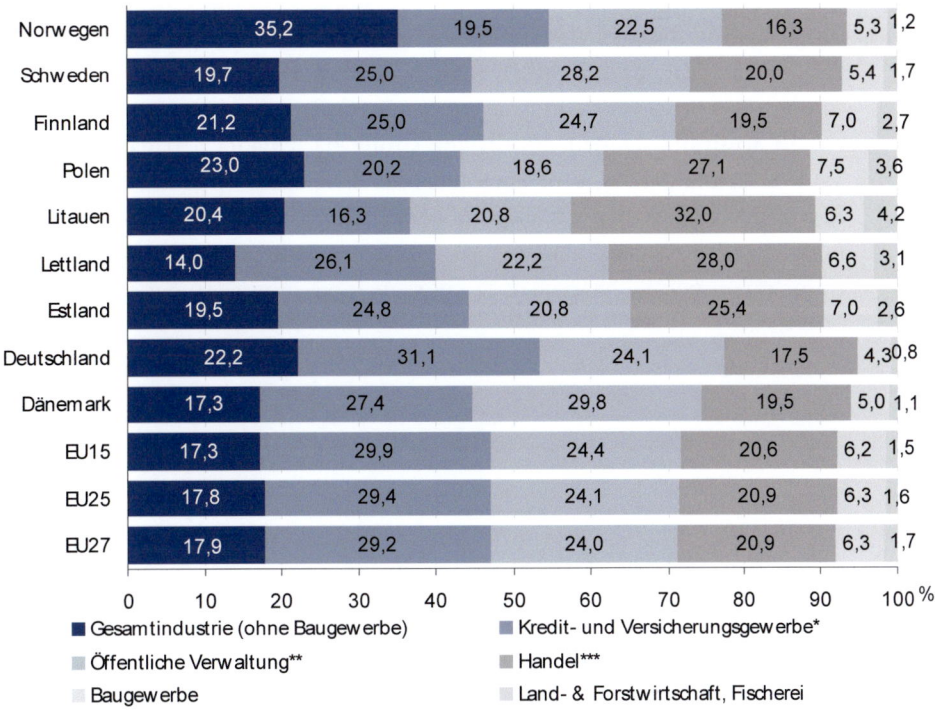

Gesamtindustrie = промышленность в целом (без строительной отрасли)

Kredit- und Versicherungsgewerbe = Кредитное и страховое дело, жилищное хозяйство, сдача внаем движимых объектов, услуги для предприятий

Öffentliche Verwaltung = публично-правовое управление, оборона, система социального страхования, образование, здравоохранение, социальная отрасль, прочие общественные и частные услуги, частные домашние хозяйства

Handel = торговля, ремонтные услуги для автомобилей и предметов широкого потребления, гостиничный бизнес, транспорт и передача информации

Baugewerbe = строительная отрасль

Land- & Forstwirtschaft, Fischerei = сельское и лесное хозяйство, рыболовство

Источник: EUROSTAT (2010), график предоставлен HWWI

## Малые и средние предприятия

Малые и средние предприятия имеют большую долю в экономике и занятости в Европе. При этом 99 % всех предприятий в Европейском Союзе - это малые и средние предприятия; они составляют примерно две трети всех рабочих мест в частной экономике в Европе. На предприятии в ЕС в среднем занято 6,4 чело-век. Микропредприятия (1 - 9 работников) представляют собой доминирующую форму предприятия в таких странах как Польша (96 %) и Швеция (94 %), в то время как доля малых и средних предприятий (10 - 250 работников) относитель-но велика в Эстонии, Германии и Латвии. В некоторых отраслях, таких как текс-тильная, строительная и мебельная промышленность, на малых и средних предприятиях работают более 80 % занятых.

**Распределение предприятий по численности занятых в Балтийском регионе, 2008 г., в %**

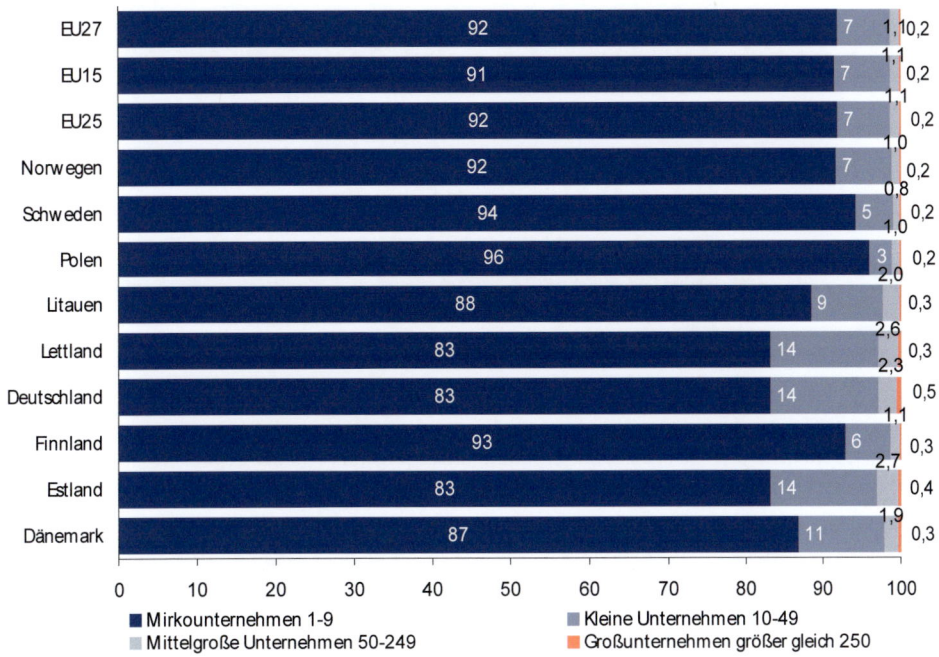

Mikrounternehmen = микропредприятия (1-9)
Kleine Unternehmen = малые предприятия (10-49)
Mittelgroße Unternehmen = средние предприятия (50-249);
Großunternehmen = крупные предприятия (250 работников и более)

Источник: EC (2009): European SME's under pressure: Annual Report on EU Small and Medium - Sized Enterprises 2009; расчеты HWWI

Примечательно, что как раз в таких небольших странах, как в трех Прибалтийс-ких государствах и Дании, средний размер предприятия выше среднего уровня EC15 и EC25. Польша, напротив, имеет структуру занятости ниже средней по сравнению с EC15 и EC25.

145

**Структура предприятий со средней численностью занятых в 2008 г., в %**

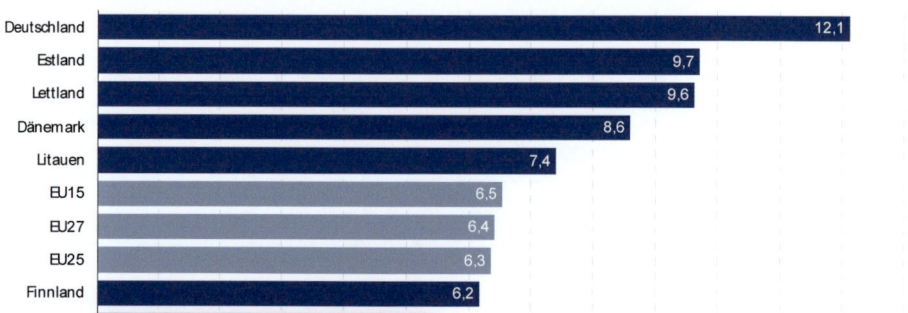

Источник: EC (2009): European SME's under pressure: Annual Report on EU Small and Medium - Sized Enterprises 2009; расчеты HWWI

## Население

Люди и их знания являются главными производственными факторами. Поэтому демографическому развитию придается большое значение для перспектив Бал-тийского региона. Демографическое развитие в недавнем прошлом значитель-но варьировалось между странами в Балтийском регионе. Выраженной убыли населения в восточной части этого региона противостоял рост населения в за-падной части. Эта межрегиональная разница касается также динамики измене-ния численности экономически активного населения. В то время как экономи-чески активное население в Норвегии, Дании, Финляндии и Швеции увеличи-валось с 1995 г., сильная чистая эмиграция с 1990 г. привела к огромной убыли экономически активного населения в Польше и Прибалтике.

Будущее демографическое развитие в Балтийском регионе будет выражено убылью населения при одновременном старении населения. Причинами этого являются постоянно низкая рождаемость, непрерывный рост продолжитель-ности жизни и эмиграционные тенденции.

146

Прогнозы EUROSTAT по населению на период до 2030 г. указывают на все бо-лее негативные тенденции развития для Прибалтики, Польши и Германии. Для Швеции, Дании и Финляндии, напротив, прогнозируется легкий прирост населе-ния. Однако, одновременно в Балтийском регионе будет убывать экономически активное население. Население до 2030 г. сократится в общей сложности на 11,6 %, что соответствует более 11 миллионам человек. Поэтому растущему спросу на квалифицированные трудовые ресурсы в ходе продолжающихся структурных изменений противостоит убыль экономически активного населе-ния, обусловленная демографическими процессами.

**Демографический рост, 1998 – 2008 г.г., в %**

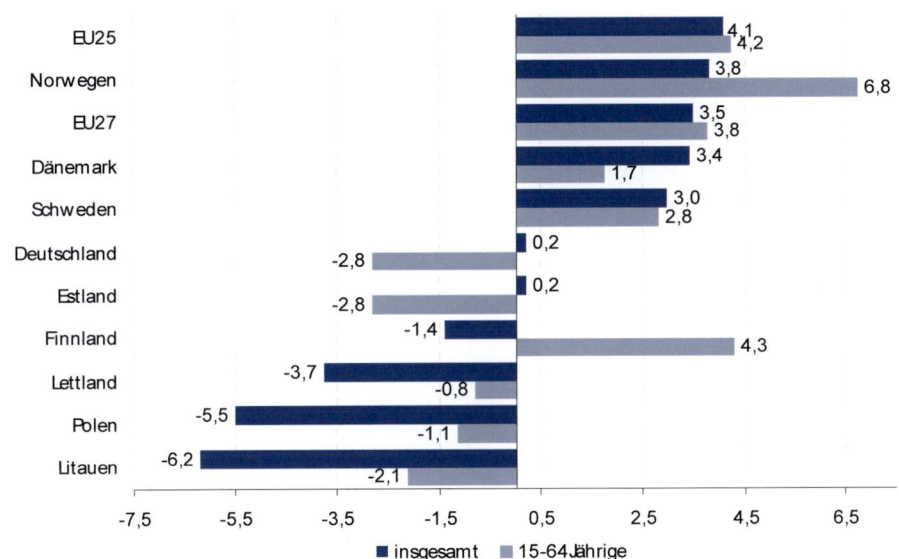

insgesamt = всего; 15-64-jährige = 15-64-летние

Источник: EUROSTAT(2010), расчеты HWWI

**Рост населения, прогноз на 2006-2030 г.г., в %**

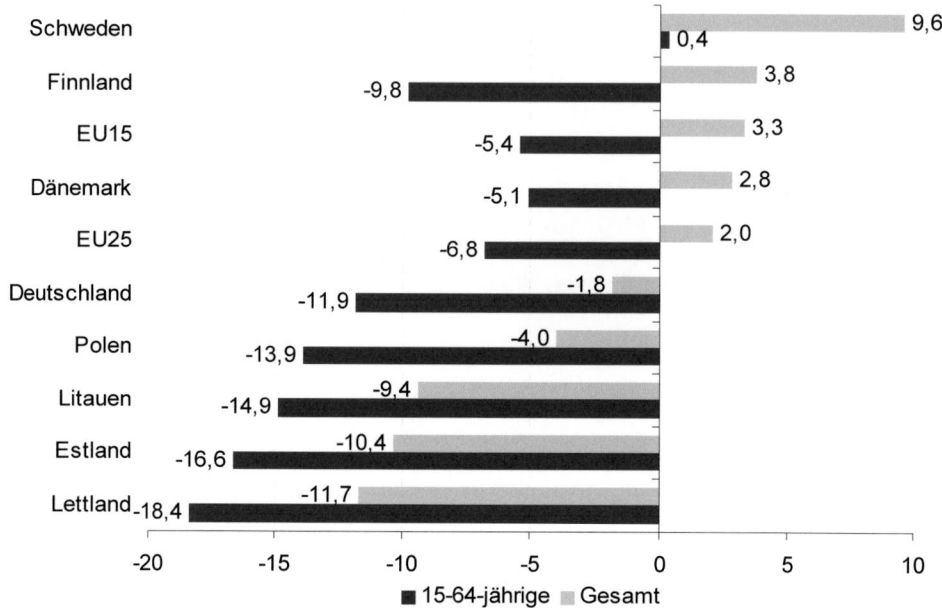

Источник: EUROSTAT: Базы данных

Одновременно трудовые ресурсы во всех странах Балтийского региона ста-реют: все больше экономически активных людей будет старше 45 лет, в то вре-мя как будет резко падать количество людей, начинающих свою трудовую дея-тельность. Ввиду этих тенденции развития следует ожидать нехватку специа-листов – в частности в малом бизнесе, который отмечается уже сегодня во мно-гих сферах народного хозяйства. Между отдельными участниками рынка и стра-нами/регионами возникнет значительная конкуренция вокруг специалистов и молодежи. Даже обусловленное возрастом уменьшение готовности пойти на риск и профессиональной, а также региональной и межрегиональной мобиль-ности экономически активного населения может негативно сказаться на дина-мике экономического развития и способности к экономическим структурным из-менениям.

## Экономика знаний

Ввиду продолжающихся структурных изменений в направлении наукоемких ус-луг и отраслей промышленности для экономического успеха будет расти значе-ние образования, науки, исследований и технологии. Новые технологии, квали-фицированные трудовые ресурсы и выраженный инновационный потенциал яв-ляются для национальных экономик существенными условиями экономического роста и сохранения их конкурентоспособности. Это будет иметь значительные последствия для общества: в мире с растущим уровнем механизации, который будем характеризоваться стремительными инновационными процессами, воз-растут требования к квалификации населения и его профессиональной мобиль-ности.

**Доля третичного образования населения среди 15-64-летних и 25-64-летних, 2009 г.**

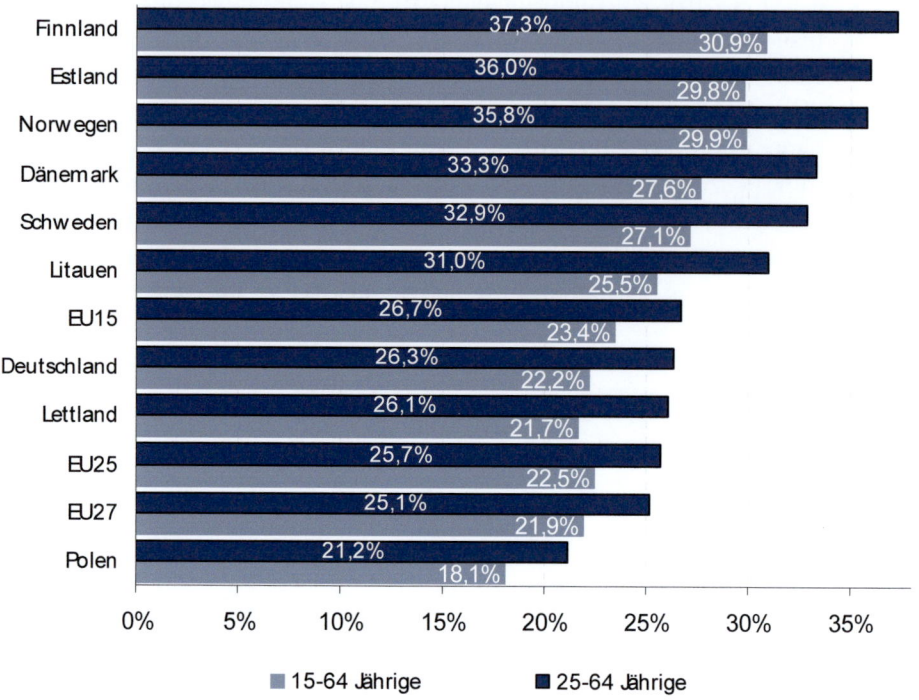

15-64 Järige =15-64-летнихе, 25-64 Jährige = 25-64-летние

Источник: EUROSTAT(2010), рассчеты HWWI

Так как тенденция растущего значения наукоемких услуг и отраслей промышленности неразрывно связана с растущей потребностью в квалифицированных кадрах, то „знания" являются в будущем решающим ресурсом. По сравнению со всей Европой обеспеченность капиталом в виде рабочей силы в Балтийском регионе выше среднего, так что в области экономики знаний существует зна-чительный потенциал развития в этом регионе.

Относительно хорошая обеспеченность квалифицированными трудовыми ресурсами и специализация в наукоемких отраслях промышленности отражается в международном инновационном потенциале этих предприятий. Правда, малые и средние ремесленные предприятия получают свое молодое поколение предпринимателей преимущественно из сферы профессиональной подготовки и повышения квалификации. Но эта форма образования в значительной степе-ни теряет свою привлекательность во многих странах Балтийского региона, так что возникает проблема с молодым пополнением. Как раз для малого бизнеса инновационный потенциал – прежде всего, в области производственных инно-ваций – это важный фактор конкурентоспособности. В экономике знаний задачи исследований и разработок важны для будущего развития, причем для малого бизнеса более важны постоянные обновления продуктов и процессов. Эта фор-ма инноваций реализуется, прежде всего, за счет диффузии знаний, которые передаются лучше всего мобильными трудовыми ресурсами, так как именно в малом бизнесе зачастую речь идет о персональных (невыраженных) знаниях. Невыраженные знания представляют собой, таким образом, некодифицируемые знания, которые нельзя определенно сформулировать. Так, например, можно кодифировать технику инкрустации, но опыт столяра с этими знаниями можно передать только за счет профессиональной мобильность между двумя предприятиями. Специальные знания за счет мобильности трудовых ресурсов можно передавать, по-новому комбинировать и благодаря этому преодолевать региональные препятствия для развития.

В будущем можно ожидать, что перепад между Востоком и Западом в инновационном потенциале и вкладе науки в экономическое развитие между странами Балтийского региона уменьшится. В ходе процессов ликвидации отставания в Прибалтийских государствах и Польше будут расти научно-исследовательс-кие ресурсы и ресурсы развития этих стран. При этом эти экономики будут из-влекать выгоду из пространственной близости к ведущим научным странам, та-ким как Финляндия и Швеция. Так как эффект распространения знаний и пере-дача информации зависит от расстояния. Чем меньше расстояние между стра-нами, тем выше пространственная зависимость их развития. Важную роль для передачи знаний – в том числе за пределы страны – играют личные контакты и трансграничная мобильность трудовых ресурсов, усиление которой ожидается в ходе предстоящего дальнейшего устранения препятствий для мобильности.

**Доля опрошенных, предполагающих в течение следующих пяти лет переехать в другую страну, 2005 г., в %**

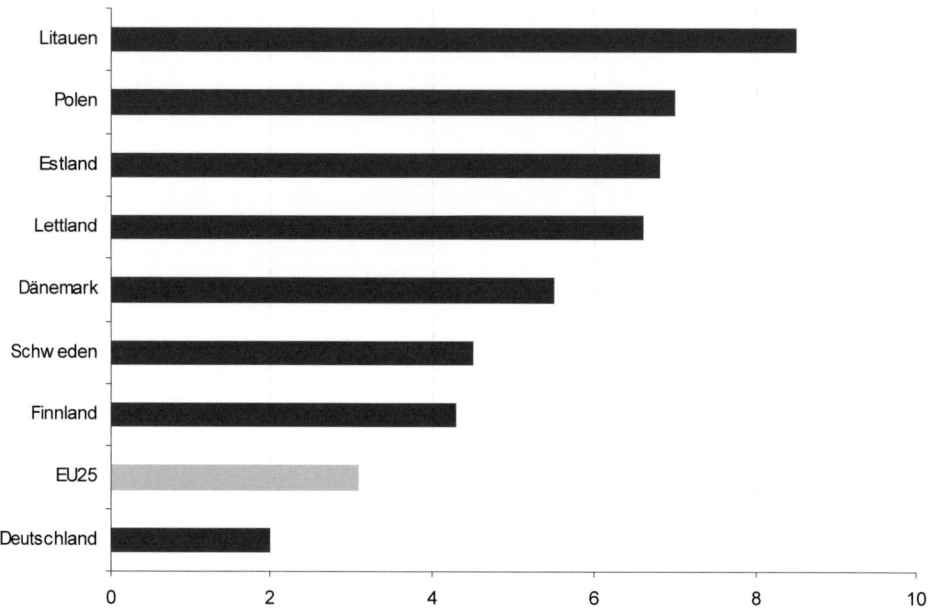

Источник: Том ВАНДЕНБРАНДЕ (издатель) (2006 г.): Мобильность в Европе: анализ обозрения за 2005 г. «Eurobarometer» географической мобильности и мобильности рынка труда, Европейский фонд улучшения условий жизни и труда, Дублин.

Интеграция рынка труда в ЕС по-прежнему характеризуется препятствиями на границе между странами, которые мешают мобильности фактора труда. Также Балтийский регион, несмотря на членство в ЕС большинства стран, прилегаю-щих к Балтийскому морю, по-прежнему отличаются серьезными препятствиями мобильности для международной интеграции рынка труда. Ввиду демографи-ческих перемен и в результате этого, опасности нехватки специалистов во мно-гих европейских странах, международная интеграция рынка труда имеет огром-ное значение для укрепления потенциала развития экономических регионов. Это касается также Балтийского региона.

# Перечень вызовов и шансов

1.  Рамочные условия будут благоприятствовать скорее развитию малых и средних предприятий, оптимальный размер предприятия снизится. Однако для использования связанных с этим шансов на благо всех, среднему биз-несу необходима широкая поддержка.

2.  Глубокие структурные изменения ставят перед малыми и средними пред-приятиями большие вызовы. Глобализация требует, в частности, быстроты и гибкости; малые и средние предприятия принципиально очень быстрые и гибкие. Но многие ремесленные предприятия еще не в достаточной степени используют свой потенциал, в действительности еще слишком медлительны и внедряют слишком мало инноваций, „только" прим. 20 % из них действи-тельно использует максимум возможностей. Средние предприятия в новых странах ЕС намного голоднее, быстрее, инновативнее и динамичнее. Для использования всех потенциалов и для преодоления изменения структуры среднему бизнесу нужна целенаправленная помощь, облегчающая актуаль-ные проблемные ситуации, облегчающая необходимые меры по адаптации, и направленная на средне- и долгосрочные перспективы.

3.  В качестве устойчивой альтернативы глобализации все больше проявляется регионализация и децентрализация. Из этого Балтийский регион как крупный экономический регион с разными культурами, мощью и потенциалом своих отдельных регионов может извлечь выгоду в особом размере. Кооперация регионов, направленная на использование специфических сильных сторон, оптимально поддерживает мелкомасштабное, а также крупномасштабное развитие и международную конкурентоспособность Балтийского региона.

4.  Культурное многообразие Балтийского региона и разнообразие отдельных стран и регионов имеют большие шансы. Различный опыт и культура спо-собствуют инновациям и дают возможность учиться друг у друга. Перестрой-ка в странах Центральной и Восточной Европы способствует возникновению большой динамики и многообразных инноваций. Общая история Ганзейского союза является прочным фундаментом для смелого строительства будуще-го. Различные культуры – это плюс, они могут взломать затвердевшие струк-туры и дать толчок инновациям; поэтому необходимо укреплять региональ-ные особенности и культуры.

5.  Включение Польши, Литвы, Латвии и Эстонии в Европейский Союз – это ог-ромный выигрыш для всего Балтийского региона, открывающий новые перс-пективы развития. Сотрудничество с Норвегией, не являющейся страной ЕС, протекает уже очень интенсивно. Сотрудничество с Россией имеет также огромное значение и нуждается в укреплении. При этом, пути и дос-тигнутый уровень развития в старых европейских странах не должен являть-ся «образцом подражания» для так называемых трансформационных стран. Целью должно быть напротив, развитие специфических сильных сторон, от-крытие самостоятельных путей развития, а также интенсивное сотрудни-чество между странами региона во благо всех отдельных стран.

6.  Каждый экономический регион имеет специфические сильные и слабые сто-роны. Целью не может быть нивелирование и унификация, а целенаправ-ленное развитие и кооперативное использование специфических сильных сторон, а также активизация движущих сил, которые могут возникать из раз-личий. Различия в стоимости рабочей силы между Востоком и Западом еще будут продолжать существовать. Но во всем мире всегда найдется кто-то еще дешевле. Существует только одна альтернатива: быть лучше, быстрее и иннновативнее, обеспечивать максимальное качество, предлагать комп-лексные решения проблем и становиться вместе сильнее.

7.  У открытых рынков нет другой альтернативы. Кто замыкается, тот проиграет! Отдельные экономические регионы всегда выигрывали в историческом пла-не благодаря большим открытым рынкам. В частности, выигрывает промыш-ленность и внешняя торговля. Малый бизнес извлекает выгоду внутри стра-ны из крепкой экономики и из все более частого переноса производства крупными предприятиями, работающими на международном рынке, а также как субподрядчик на иностранных рынках. Но открытость и экспорт не могут быть улицей с односторонним движением.

8.  Построение будущего требует интенсивной кооперации: „Связи важнее про-дукции“. Информационные технологии как пути решения проблем будут при-обретать все больше значения. Кооперация объединяет сильные стороны, однако сохраняет самостоятельность. Спросом пользуется менеджмент формирования доверия и кооперации. Успешные корпоративные и коопера-ционные культуры должны быть направлены на сильные стороны, широко привлекать людей и использовать креативный

потенциал всех умов. Однако, малым и средним предприятиям нужна специфическая помощь в организа-ции международной деятельности, а также в использовании шансов и мини-мизации рисков. Здесь в особой мере требуются экономические организа-ции, а также политики и органы управления.

9. Новые и дополнительные рабочие места за последние 20 лет возникли практически только на малых и средних предприятиях. Эта тенденция будет усиливаться еще больше. В частности на уровне предприятий с минималь-ной численностью занятых и за счет создания мелкого бизнеса возникают большие потенциалы роста занятости. Под особым давлением почти во всех странах, прилегающих к Балтийскому морю, находятся средние пред-приятия. Превращение малых предприятий в более крупные, оживление средних мануфактур и укрепление средних предприятий обещают хорошие шансы роста. Но нужны политические рамочные условия и меры по под-держке, направленные на различные интересы различных по величине предприятий среднего бизнеса.

10. Малые и средние предприятия являются хребтом экономики. Одновременно они стабилизируют развитие общества. Они находятся в своем регионе, могут использовать возможности международного сотрудничества, укрепля-ют свой регион, не перенося рабочие места за границу. Экономика Бал-тийского региона особо выражена малыми и средними предприятиями, сос-тавляющими прим. 99 % всех предприятий и прим. 70 % всех рабочих мест. За счет эффективного среднего бизнеса у Балтийского региона есть выда-ющиеся возможности для укрепления экономики и для преодоления между-народной конкуренции. У Балтийского региона отличные перспективы прев-ратиться в инновационный регион с сильной экономикой и мировым значе-нием.

11. Балтийский регион обладает выдающимися потенциалами в области эконо-мики знаний, университетского образования, а также в области исследова-ний и разработок. Особенно на малых и средних предприятиях работники являются самым важным капиталом. Но здесь в будущем намечаются серьезные узкие места. Воспитание молодого поколения предпринимателей, руководящих кадров и специалистов, а также высокие инновации для малых и средних предприятий становятся решающим вопросом выживания и явля-ются тем самым наиважнейшей задачей поддержки для среднего и малого бизнеса.

12. Качественная профессиональная подготовка во всех сферах является реша-ющей предпосылкой долговременного экономического успеха. У малых и средних предприятий в условиях национальной, а также международной конкуренции шансы будут только за счет максимального инновационного по-тенциала и высокого уровня качества. И то, и другое требует наилучшей профессиональной подготовки. Здесь уже сегодня существуют значитель-ные недостатки, которые в будущем будут только расти и тем самым во мно-гом ограничивать рост и инновации. Намечаются следующие тенденции раз-вития:

⇨ Ввиду демографического развития почти во всех странах ЕС сильно сни-жается количество выпускников школ. Наблюдается рост конкуренции между высшим образованием и профессиональным образованием, а так-же внутри экономики - за хорошо подготовленных специалистов и руко-водителей. До сих пор эту конкурентную борьбу за молодое пополнение проигрывал малый и средний бизнес, и ситуация останется также без далеко идущих улучшений.

⇨ Во многих странах уровень профессиональной подготовки выпускников школ говорит о значительных недостатках. Однако требования экономики к квалификации выросли и продолжают расти. Но малый бизнес получа-ет молодое пополнение только с нижних уровней квалификации. Ввиду высоких требований и потребностей возникают все более выраженные недостатки квалификации.

⇨ Доля выпускников школ, выбирающих профессиональное образование, постоянно сокращается и в отдельных странах Балтийского региона опус-тилась уже до очень низкого уровня. Одновременно постоянно возраста-ет количество людей, выбывших из числа занятых по возрасту. В отдель-ных странах и регионах эти проблемы сильно обостряются из-за эмигра-ции лучших трудовых ресурсов, и возникает все большая нехватка квали-фицированных специалистов.

⇨ Особенно выросли количественные и качественные дефициты для малых и средних предприятий в области молодого поколения руководителей и предпринимателей. Выраженная нехватка предпринимателей уже сегод-ня налицо и в будущем значительно обостриться.

⇨ Требования к руководству предприятием высоки и постоянно продолжа-ют расти. На фоне глобализации и ЕС также требуется все больше меж-дународных знаний и опыта. Предприниматели и

156

руководящие кадры на малых и средних предприятиях должны иметь как хорошее профессио-нальное образование и практический опыт, так и фундаментальную тео-ретическую профессиональную подготовку.

⇨ До сих пор малые и средние предприятия получали молодое поколение предпринимателей, руководителей и специалистов преимущественно че-рез профессиональную подготовку и повышение квалификации. Но такие пути подготовки во многих странах Балтийского регтона во многом поте-ряли свою привлекательность. Молодежь все больше предпочитает уче-бу в вузах и университетах. Так как учебные программы преимуществен-но направлены на изучение теории, и в значительной мере пренебрегают практическими интересами, в частности малых и средних предприятий, то из большого количества студентов также нельзя получить в достаточ-ном количестве подходящее молодое поколение предпринимателей и ру-ководящих кадров. Поддержка предпринимательства и квалифицирован-ная подготовка предпринимателей будет все более решающим дефици-том. Шаги по устранению этого дефицита должны одновременно пресле-довать важную цель поддержки инноваций в малом и среднем бизнесе.

13. В Балтийском регионе в разных странах наблюдаются существенные разли-чия в гибкой и надежной организации труда с высокой производитель-ностью, что дает нам много возможностей учиться друг у друга. Новые фор-мы внутрипроизводственной кооперации и улучшение менеджмента в кри-зисные времена должны поощряться. Развитие организации и персонала должны быть признаны важной инновационной областью экономики Бал-тийского региона и должны всячески поощряться. Таким образом будут ис-черпаны все резервы продуктивности, и тем самым будут открыты иннова-ционные потенциалы и возможности преодоления кризисов.

14. Кооперация имеет большое и постоянно растущее значение. Но Балтийский регион кажется все более и более переорганизованным. Большое изобилие сетей, организаций поддержки и международных институтов является при-чиной высоких временных и финансовых затрат по координации и текущей коммуникации. Все это создает проблемы прежде всего малым и средним предприятиям, которым необходимо только одно контактное лицо и получе-ние услуг из одних рук. Для

среднего бизнеса нужна концентрация на разви-тии меньшего количества сетей с лучшим согласованием между собой.

15. Для среднего бизнеса вообще, и для Балтийского региона в частности, сей-час возникают многообещающие средне- и долгосрочные шансы, которые, правда, не достаточно серьезно воспринимаются, используются и поддержи-ваются органами власти и управления на всех уровнях. Результаты опроса Ганзейского парламента во всех странах Балтийского региона, частично противоречат выраженным возможностям:

⇨ 40 % палат и объединений предпринимателей констатируют, что сотруд-ничество в рамках стимулирования экономической деятельности на му-ниципальном и региональном уровне недостаточно.

⇨ 60 % членов Ганзейского парламента говорят, что политики уделяют не-достаточно внимания малому и среднему бизнесу; 75 % жалуются на от-сутствие политической поддержки.

⇨ Недостаточную поддержку малых и средних предприятий со стороны органов управления констатируют 75% палат и объединений.

⇨ Полностью во всех политических сферах деятельности более 3/4 пред-ставителей среднего бизнеса говорят, что политические рамочные усло-вия и законодательство не являются стимулирующими для дальнейшего развития среднего бизнеса в их регионе.

16. Малые и средние предприятия не привыкли обращаться за помощью к госу-дарству. Они привыкли действовать под собственную ответственность, брать судьбу в свои руки, и в будущем будут также использовать свои шан-сы с приложением максимальных сил. Предприятия должны быстро и гибко приспосабливаться к динамично меняющимся экономическим рамочным ус-ловиям и стараться направлять их в свою сторону за счет инновационной деятельности. Однако в интересах общего блага среднему бизнесу необхо-димы политические рамочные условия и меры по поддержке, которые позво-лят и облегчат им использование шансов.

17. Малые и средние предприятия относительно легко пережили международ-ный экономический кризис, и вышли из него частично еще сильнее, чем

прежде. Они показали себя, именно в это критическое время, как централь-ный стабилизатор экономики и общества. В отличие от крупных предприя-тий, малые и средние предприятия не реагировали на кризис прежде всего массовыми увольнениями, а старались как можно дольше удержать свой персонал, как ценный капитал. Этот стабилизирующий фактор, а также эф-фективный кризисный менеджмент должны дать политикам и властям повод для создания более выгодных рамочных условий для роста и более интен-сивной поддержки малого предпринимательства, прежде всего в качестве подготовки к будущим кризисам. Кредитные организации должны также признать, что их спекуляции на денежных рынках привели к невероятным миллиардным потерям, в то время как кредиты малым и средним предприя-тиям оказываются гораздо менее рискованными и должны стать поэтому наиболее предпочтительной формой капиталовложения.

## Глава 3: Развитие малого и среднего предпринима-тельства

### Экономика Балтийского региона 2020

Малая и средняя экономика региона Балтийского моря имеет достаточный потенциал достичь до 2020 г. следующих целей:

⇨ Регион Балтийского моря является одним из трех самых инновативных и высокопродуктивных регионов мирового значения

⇨ Самыми значительными носителями и создателями данного явления выступают малые и средние предприятия

⇨ Малые и средние предприятия переносят кризисы гораздо лучше, чем крупные предприятия и являются решающим фактором для стабили-зации экономики и общества

⇨ Новые рабочие места создаются прежде всего на малых предприятиях, особенно силен рост на предприятиях, имеющих менее 10 работников

⇨ Во всех странах Балтийского региона к 2012 - 2014 г. достигнута полная занятость населения

⇨ Более 80% всех рабочих мест предоставляются малыми и средними предприятиями

⇨ При наличии гибких структур рабочего рынка одновременно создаются надежные рабочие места; даже в кризисные времена малые и средние предприятия занимают работников как можно дольше

⇨ Все страны Балтийского региона имеют наивысший уровень образования и создают крепкие связи между школами, университетами и предприя-тиями

⇨ Регион Балтийского моря является самым привлекательным регионом для высококвалифицированных зарубежных специалистов

⇨ Страны Балтийского региона осуществляют экономику через экологию и придают большое значение здоровью на рабочих местах на предприя-тиях, высокой степени личной ответственности и ощущению осмыслен-ности в рабочей жизни

⇨ Доверие становится неотъемлемым экономическим принципом и зна-чительным культурным фактором обеспечения благосостояния населе-ния и конкурентоспособности в широком смысле

⇨ Интенсивное сотрудничество между университетами, научными институ-тами и малыми и средними предприятиями обеспечивает высокий темп внедрения новшеств

⇨ 75% всех новых патентных заявок приходит от малых и средних предпри-ятий

⇨ Развитие организации и персонала является самой важной областью инноваций

⇨ Посредством внутрипроизводственной кооперации вырабатывается со-циальная энергия, экономическое действие которой настолько обширно, что связанная с ней экономическая прибыль гораздо выше, чем сто-имость труда, связанная с международными различиями

⇨ Экономика Балтийского региона становится самой продуктивной в мире

⇨ Балтийский регион становится мировым лидером в производстве наи-важнейших продуктов, в том числе в области энергетики, экологии и здравоохранения, а также основным поставщиком индивидуальных технологических решений

⇨ Поскольку кредиты малым и средним предприятиям гораздо более на-дежны, чем крупным предприятиям, изменяется политика определения процентных ставок в пользу малых предприятий; кредитные организации плотнее сотрудничают с малой и средней экономикой

⇨ Хозяйствование в Балтийском регионе обусловлено принципами порядочности, надежности, инновативности, стремлением к качеству, быстротой и гибкостью

⇨ Страны Балтийского региона неограниченно и беспрепятственно сотруд-ничают друг с другом и создают взаимовыгодные ситуации, как для соб-ственной экономики, так и для всего региона; в сотрудничество также активно вовлечены страны, не входящие в Европейский Союз

⇨ В пределах Европейского Союза регион Балтийского моря играет веду-щую роль и является образцом для подражания для других стран

Эти честолюбивые, большие цели могут быть достигнуты в пределах следую-щих 10 лет, при условии, что власти муниципального, регионального, национального и международного уровней создадут соответствующие рамочные условия и будут всячески поддерживать развитие малого и среднего предпринимательства в Балтийском регионе. Этому могут в значительной степени способствовать следующие цели и стратегии.

## Политические цели и стратегии

### Конкурентоспособность

Любое повышение конкурентоспособности, согласно изначально Лиссабонской стратегии, а теперь стратегии «Европа 2020», должно иметь наивысший прио-ритет, интенсивно поддерживаться, и в будущем намного лучше направляться на специфические условия малых и средних предприятий. В первую очередь должны приниматься меры по поддержке образования, инноваций, а также по-вышению и обеспечению качества продуктов и услуг.

Политический курс для малых и средних предприятий должен быть надежным, постоянным и предсказуемым. Экономическая политика и законодательство должны быть постоянно направлены на специфические интересы среднего биз-неса. Если крупным предприятиям необходимы другие решения, то они – сос-тавляющие меньшинство в экономике – должны получать специальные прави-ла. Все законы и другие меры политического влияния должны подвергаться ос-новательному анализу их последствий с монетарной оценкой влияния на ма-лые и средние предприятия.

Быстрота и гибкость - выдающиеся сильные стороны малых и средних предпри-ятий. Однако они сковываются разросшейся бюрократией и тем самым лиша-ются этих сильных сторон, которые в будущем приобретут еще большее значе-ние. Кроме того, малые и средние предприятия, которым приходится работать с минимальной прибылью, очень чувствительны к расходам. А разгул бюрокра-тии вызывает высокие удельные затраты. Широкая дебюрократизация относит-ся к важнейшим мерам по поддержке среднего бизнеса, который к тому же поз-воляет государству экономить большие средства. В первую очередь необходи-мо следующее:

⇨ широкая дебюрократизация во всех сферах государственной деятель-ности, а также „конкуренция систем " в Балтийском регионе. В условиях полностью открытых границ благоприятные решения для среднего биз-неса в отдельных странах могут взломать затвердевшие структуры в других странах и вызвать подлинную конкуренцию по проведению луч-шей политики.

⇨ специальные правила и освобождение малых и средних предприятий от определенных бюрократических требований и предписаний, напри-мер, в сфере статистики, налогового права, трудового законодательст-ва, охраны труда и т.д.

⇨ реализация системы стимулирования для работников органов управления, в которой ощутимо выигрывают в финансовом плане те, кто снимают максимальную бюрократическую нагрузку со среднего бизнеса.

Для реализации глубокой дебюрократизации нужны также программы поддерж-ки ЕС. Сегодня ни одному малому и среднему предприятию нельзя порекомен-довать обратиться за поддержкой в ЕС, так как бюрократические затраты на составление заявки, реализацию и расчеты намного превышают возможные до-ходы. Это не столько проблема комиссии ЕС, сколько в первую очередь орга-нов управления в отдельных страх и подчиненных институтов, которым поруче-на реализация и расчет программ. Здесь преобладают стратегии ограждения от всякого рода опасностей, которые рождают большое изобилие предписаний, ус-ловий и бюрократических препон, они ни в коей мере не заинтересованы в ус-пехе поддержки. Следует исходить из того, что в настоящее время до трети субсидий тратятся на бессмысленные бюрократические требования. В будущем необходимо обязательно предписать максимальный предел в 10%. Функции контроля нужно последовательно возлагать на налоговых консультантов и аудиторов и перейти с контроля затрат на контроль результатов.

## Образование

Балтийский регион и его средний бизнес смогут успешно выдержать международную конкуренцию только за счет максимальной инновационной мощи и мак-симального качества. Это требует выдающейся профессиональной подготовки – она является наиважнейшей задачей обеспечения будущего и повышения благосостояния. Настоящее сокровище Балтийского региона – в головах людей, в их креативности, их знаниях, умениях и заинтересованности.[8]

---

[8] Поскольку данная тема является чрезвычайно важной, Ганзейский парламент намеревается разработать отдельную стратегическую стратегию «Образовательная политика» и опубликовать

⇨ Нужно значительно усовершенствовать общее образование и повысить его эффективность; особое внимание необходимо уделять развитию де-тей младшего возраста. Образование должно затрагивать все духовные и физические способности, передавать знания и таким же образом учить личной социальной компетенции, а также предпринимательству. Поли-технические элементы на занятиях могут противостоять слишком силь-ной интеллектуализации идеала образования.

⇨ Профессиональное образование должно широко совершенствоваться и приобретать большую ценность. Значительное, а в некотрых странах уже катастрофическое, уменьшение доли молодежи, проходящей профессио-нальное обучение, внушает опасения. Более интенсивное взаимодейст-вие между академической, общей и профессиональной подготовкой, соз-дание дифференцированных курсов обучения в зависимости от уровня успеваемости, увеличение доли практических занятий, постоянное повы-шение качества, а также более интенсивная интеграция и компетенция экономики и экономического самоуправления стоят на первом месте.

⇨ Повышение профессиональной квалификации должно проходить не только на предприятиях, но и в образовательных центрах для малых и средних предприятий, работающих по принципам экономического само-управления. Эти пути профессиональной подготовки должны рассмат-риваться и поддерживаться как равнозначные академическим курсам обучения. Кроме того необходимо давать возможность получения дип-ломов высокого уровня в рамках модульных систем, признаваемых во всем мире.

⇨ Поддержка мобильности и преобретение международного опыта еще во время профессиональной подготовки, а также подготовки специалистов и руководителей требует интенсификации. Небюрократические системы зачета и взаимное признание дипломов профессиональной подготовки и повышения квалификации являются для этого решающим условием, стимулируют качество и создают прозрачность.

⇨ Академическая профессиональная подготовка должна все интенсивнее поворачиваться лицом к среднему бизнесу. Например, срочно нужны элитные курсы обучения с высокой долей практики (дуальные курсы

---

ее в 2011 году. По этой причине здесь приводятся только краткие тезисы и обобщенные выводы.

обучения) для предпринимателей и руководящих кадров малых и средних предприятий, как в технической, так и в макроэкономической области.

Воспитание молодого поколения предпринимателей, руководящих кадров и специалистов с выдающейся профессиональной подготовкой решит будущее средних предприятий в Балтийском регионе и тем самым наиважнейшую зада-чу их поддержки.

## Flexicurity (гибкая защищенность)

Рабочие рынки Балтийского региона нуждаются в установлении обширной гиб-кой системы, которая однако не должна ущемлять интересы работодателей. Поощряться должны в большей степени новые формы внутрипроизводствен-ной кооперации при улучшении менеджмента, в особенности в кризисные вре-мена и для существенного повышения производительности труда.

Должны быть созданы очень гибкие системы рабочего времени без жестких гра-ниц. В принципе, люди должны работать только тогда, когда на предприятии есть работа. В соответствии с этим появляется возможность использовать ра-бочее время в других целях - либо для выполнения другой работы, либо для обучения или свободного времени. Должна быть разработана обширная систе-ма гибкого рабочего времени и его распределения по дням, неделям, месяцам и всей рабочей жизни. Необходимость уйти в определенном возрасте на пен-сию должна быть заменена возможностью плавного перехода на заслуженный отдых, также и после достижения 70 лет. Занятие различными видами деятель-ности одновременно, когда зарплата складывается из различных источников дохода, должно поощряться, поскольку таким образом уменьшается зависи-мость только от одного источника, то есть от одного предприятия.

В большинстве стран Балтийского региона необходимо повысить долю трудоза-нятости женщин. Это требует создания семейной атмосферы, гибкой системы рабочего времени, возможности самостоятельно распределять время, предо-ставление детских садов и т.д. Поощряться должно также участие пожилых лю-дей в рабочей жизни, нагрузка которых должна зависеть от их опыта и личных потребностей в работе.

Очень интенсивно должна поощряться также региональная и международная мобильность. Требуется также определенная миграционная политика, которая не опиралась бы на строго установленные границы доходов.

Отрицательные последствия разделения труда, такие как, например, потеря видения смысла работы, или повышение расходов на социальные нужды, должны быть преодолены при помощи обширной внутрипроизводственной кооперации, обеспечивающей повышение продуктивности при высоком уровне качества. Персонал не должен восприниматься как «купленная рабочая сила». Матери-альное и нематериальное участие работников в производстве преобретает все большее значение. Возможность самостоятельно распоряжаться своим време-нем станет важным определяющим фактором. Свободный и ответственный че-ловек должен стоять в будущем в центре внимания общества и экономики. Це-лостность, сотрудничество и чувство ответственности на основе доверия спо-собствуют более интенсивному использованию бесплатной социальной энергии во всех областях трудовой и личной жизни. В то время, когда работники стано-вятся «совладельцами» предприятия, работодатели заботятся о придании смысла рабочей деятельности. Таким образом Балтийский регион приобретает новую международную конкурентоспособность: предприятия конкурируют не односторонне на уровне заработной платы и трудовых издержек, а в способ-ности использовать социальную энергию.

Новая экономика должна быть экономикой полной прозрачности и чувствитель-ности – не только для работников, но также и для клиентов. На малых и сред-них предприятиях в большей степени действуют принципы этики предприни-мательства, процессы более прозрачны, и работники бролее на виду, чем на крупных предприятиях. В малом и среднем бизнесе личность пользуется осо-бым уважением и играет более важную роль. Рабочие места здесь более на-дежны; работников стараются не увольнять даже в тяжелые времена.

Что касается гибкой, и в то же время надежной, организации труда с высоким уровнем производительности, в регионе Балтийского моря существует ряд су-щественных национальных отличий, дающих отличный шанс учиться друг у друга. Развитие организации и персонала должны быть признаны наиважней-шей областью инноваций, нуждающейся в интенсивной поддержке. При этом должны не только использоваться все незадействованные резервы производи-тельности, но и должны быть найдены новые инновационные потенциалы и пути преодоления будущих экономических кризисов.

**Инновации, исследования и разработки**

Балтийский регион исторически был одним из самых инновационных регионов мира и обладает также сегодня выраженным инновационным потенциалом, ко-торый нужно пробудить и использовать. В международной конкуренции можно победить только, если Балтийский регион станет быстрее и лучше других регио-нов и вновь превратиться в самый инновационный регион мира.

⇨ Эффективные инновационные стратегии в Балтийском регионе должны укреплять специфические сильные стороны региона, стимулировать геогра-фическую кооперацию сильных сторон и разделение труда и использовать различие в культуре в качестве творческого потенциала.

⇨ Значимые инновационные сферы среднего бизнеса затрагивают, в частнос-ти, все области, которые в настоящее время отмечены видимыми узкими местами. В узких местах, таких как энергия, защита климата и охрана окру-жающей среды, здравоохранение, ресурсы по обработке данных и решению проблем, электронные системы производства и связи, а также развитие пер-сонала и организации, Балтийский регион обладает как отличными учебны-ми и научно-исследовательскими ресурсами, так и большим предпринима-тельским потенциалом, так что здесь имеются многообещающие отправные точки для целенаправленной инновационной политики.

⇨ Поддержка исследований и разработок государством, а также постановка перед собой задач в этой сфере вузами и университетами должна намного интенсивнее и последовательнее направляться в сторону среднего бизнеса.

⇨ Развитие и поддержка некоторых важных кластеров в области высоких тех-нологий является одной из важнейших задач современной инновационной политики. Однако особое внимание должно уделяться специальной под-держке инноваций на малых и средних предприятиях. Здесь необходимо определение инноваций с ориентацией на потребителей и более четкая политика стимулирования, особо учитывающая, например, разработку адаптированных технологий и новых продуктов, новые организационные формы и привлечение работников в инновационные процессы или передачу технологий.

⇨ Вузам и университетам необходимо вменить в обязанность передачу инно-ваций, настолько важных для среднего бизнеса. Исследовательские и дип-ломные работы должны постоянно направляться на задачи развития малых и средних предприятий.

⇨ Сотрудничество между вузами и университетами, а также средними пред-приятиями нужно еще больше усиливать и расширять. При этом палаты,

167

как значительные институты стимулирования среднего бизнеса, могут выпол-нять посреднические функции.

⇨ Вузы и университеты должны совместно с палатами создавать во всем Балтийском регионе тематические центры компетенции, представляющие собой привод и поворотный круг развития инноваций для малых и средних пред-приятий, обеспечивающие передачу знаний и технологий и выполняющих задачи научных исследований и разработок. За счет интенсивной коопера-ции эти центры компетенции могут создавать комплексные предложения с передачей знаний и технологий, консультациями, научными исследова-ниями и разработками, повышением квалификации и т.д. и предоставлять все услуги, необходимые малым и средним предприятиям, из одних рук.

⇨ Эти отдельные центры компетенции образуют общебалтийскую сеть, отве-чающую всем важным потребностям среднего бизнеса. Центральный орган управления общебалтийской сети должен обеспечивать сотрудничество, быть двигателем, координатором, лабораторией идей и поставщиком услуг для постоянной реализации стратегий профессиональной подготовки и ин-новационных стратегий для малых и средних предприятий.

## Налоги и социальные отчисления

Уровень налогообложения в странах Балтийского региона в своей совокупности не так уж и высок. Любому высокоразвитому народному хозяйству требуется мощное государство с достаточными возможностями финансирования и инвес-тиционными возможностями для создания инфраструктуры, образования, ис-следований и разработок, а также для задач социального обеспечения. Глав-ной задачей является прозрачное простое налоговое право с максимумом на-логовой справедливости.

При сохранении налоговых поступлений в целом для среднего бизнеса настоя-тельно требуется снижение нагрузки, которая целенаправленно будет укреп-лять обеспеченность собственным капиталом и инновационный потенциал ма-лых и средних предприятий.

Балтийский регион не сможет выдержать конкуренцию со странами с низким уровнем зарплат. Его шансы - в инновационном потенциале и скорости внед-рения инноваций, в выдающейся квалификации трудящихся, а также в лучшем качестве продуктов и услуг. С этим неразрывно связаны зарплаты выше сред-него уровня. Центральной проблемой среднего и малого бизнеса являются чрезмерно высокие дополнительные расходы на зарплату во многих странах, прилегающих к Балтийскому морю. Постоянная экономия и воссоздание боль-шей собственной ответственности во всех сферах социального обеспечения неизбежны.

Кроме того, необходимо осуществить четкое размежевание отчислений на социальное страхование от фактора труда и финансирование через налоги. Это уже реализовано в отдельных странах Балтийского региона, с большим успехом для благосостояния и занятости. Целью такой политики может быть не уни-фикация стоимости рабочей силы в Балтийском регионе на нижнем /низком уровне, а создание условий для конкуренции на честных условиях.

Формирование налогов и социальных отчислений должно принципиально боль-ше направляться на то, чтобы за их счет одновременно поддерживать иннова-ции и обеспечивать предприятиям долговременные эффективные стимулы для инновационной хозяйственной деятельности. Если, например, затраты на соци-альные нужды, привязанные сегодня к фактору труда, будут частично финанси-роваться за счет налогообложения энергии и природных ресурсов, то это при-ведет сразу к двум очень желательным эффектам: с одной стороны, снизится стоимость рабочей силы, так как дополнительные расходы на зарплату будут финансироваться через налоги. Одновременно за счет налогообложения огра-ниченные энергетические и природные ресурсы станут дороже и создадут тем самым экономические стимулы для инноваций в энергетической сфере и в сфе-ре охраны окружающей среды.

## Обеспечение капиталом

Капитал обычно течет туда, где ожидается более высокий доход. В настоящее время вложения в акции кажутся более выгодными, чем инвестиции в малые и средние предприятия. Этот перекос, который крайне негативно сказывается на народном хозяйстве и систематически морит финансовым голодом средний бизнес, требует срочной основательной коррекции. Нужно срочно принимать все меры по повышению доходов и обеспеченности собственным капиталом малых и средних предприятий, чтобы создать условия для обеспечения и создания рабочих мест.

Кредитные учреждения должны извлечь урок из последнего финансового кри-зиса, и осознать, что предоставление кредитов и инвестирование в малые и средние предприятия связано со сравнительно низким уровнем риска и способствует, кроме того, устойчивому укреплению экономики. Кредитование и его условия должны быть организованы соответствующим образом, а кредитные учреждения должны выступать в качестве надежного партнера для малых и средних предприятий.

Для кредитных учреждений необходимо создать более сильные стимулы для передачи субсидий. Необходимо обеспечить, в частности, беспроблемное пре-доставление инновационного и рискового капитала, например:

⇨ Развитие региональных ассоциаций поручителей и их улучшенная обеспеченность государственными обратными поручительствами.

⇨ Создание региональных фондов для малых и средних предприятий по поддержке инноваций с предоставлением рискового и акционерного ка-питала с минимальными затратами.

⇨ Создание общебалтийского инвестиционного банка для малых и средних предприятий.

## Международная кооперация

Во внешнеэкономической деятельности все еще заключены практически неис-пользуемые потенциалы для среднего бизнеса. Для использования этих шан-сов малым и средним предприятиям нужны специальные меры по поддержке и помощи, например:

⇨ Предоставление специфической информации о стране, языковые кур-сы, информационные мероприятия, семинары и консультации по экс-порту и т.д.

⇨ Проведение тематических кооперационных бирж, а также консультации и сопровождение процессов после завязывания связей.

⇨ Организация и поддержка международной кооперации различных форм на уровне предприятий, имеющей большое и продолжающее расти зна-чение.

Особенно в малом бизнесе международная деятельность начинается и поддер-живается, в частности, за счет личных встреч и через иностранцев, которые ра-ботают или работали на предприятии. Также передача «ноу-хау» осуществля-ется в первую очередь через людей. За счет новых форм миграции учеников и мастеров взламываются затвердевшие структуры и постоянно поддерживаются инновации. Взаимное обучение, а также совершенствование и повышение ка-чества профессиональной подготовки и повышения квалификации благодаря международному обмену обеспечивают интенсивные меры по поддержке. Ввиду их выдающегося значения мобильность в ЕС и в Балтийском регионе слишком мала. Препятствия для мобильности, такие как правовые и админи-стративные барьеры, языковые барьеры, отсутствие системы признания дипло-мов профессиональной подготовки, экономические и общественные различия, а также операционные расходы из-за недостаточной организационной прозрач-ности настоятельно необходимо устранить.

Соседние страны с ЕС - Россия, Беларусь и Украина - должны быть без ограни-чений включены в международную кооперацию. Особенно сложная ситуация в этом отношении в Калининградской области, так как обязательное получение визы создает труднопреодолимый барьер для малых и средних предприятий. Срочно нужны масштабные решения.

В частности, в России экономические организации жалуются на отсутствие однозначной политической концепции развития среднего бизнеса, и поэтому там требуется всеобъемлющий закон о поддержке среднего бизнеса. Далее рекомендуется, чтобы Россия, Беларусь и Украина с привлечением опыта других стран, прилегающих к Балтийскому морю, совместно разработали и согласованно реализовали концепцию поддержки среднего бизнеса в общем, а также международной кооперации в частности.

## Экономическое самоуправление

Малые и средние предприятия не могут, как это делают крупные предприятия, выполнять внутренние штабные функции, которые решают многочисленные за-дачи руководства предприятием. В среднем бизнесе такие штабные функции и задачи поддержки должны выполняться внештатно в рамках экономического са-моуправления. Палаты являются центральными поставщиками услуг, которые своим членам надежно оказывают необходимую помощь и меры по поддержке, отвечающие потребностям предприятий, и тем самым предлагают ценные услуги.

Функции государственного уровня государство должно передать, насколько это возможно, палатам, чтобы они могли восприниматься малыми и средними предприятиями как небюрократические представители централизованных услуг из одних рук. Палаты могут выполнять задачи государственного уровня дешев-ле и ближе к предприятиям, чем государство, и идеально связывать их с зада-чами поддержки. В частности, задачи профессиональной подготовки и повыше-ния квалификации, промышленного права, защиты окружающей среды и здра-воохранения должны быть переданы экономическому самоуправлению и за счет этого восприниматься более глубоко под собственную ответственность экономики.

Палаты должны также еще интенсивнее и эффективнее повышать сознательность предприятий в отношении значения инноваций, образования, обеспече-ния качества и международной кооперации, например, за счет

⇨ создания информационных систем с целью пояснения картины внешнего мира и предупреждения об опасностях в результате развития рынков

⇨ национальных и международных бизнес-форумов

⇨ программ образования и информационных программ на телевидении

⇨ образовательных программ университетов, направленных на потребности экономики

Палаты должны развиваться, восприниматься и укрепляться как центральные организации поддержки среднего бизнеса. С этой целью, а также для обеспече-ния и стимулирования международного сотрудничества в странах Балтийского региона, необходимо создать аналогичный закон о поддержке среднего биз-неса.

На региональном уровне нужно развивать сети поддержки малого и среднего бизнеса, чтобы объединить все усилия и постоянно направлять их малые и средние предприятия. В этих сетях палаты должны взять на себя центральную функцию по выдвижению инициатив, координации и осуществлению первых шагов и привлекать в них в частности государственные органы управления, университеты, вузы и другие институты стимулирования экономической дея-тельности. Через центральное контактное лицо - „палату" – предприятия смогут за счет этого пользоваться всеми ресурсами региона.

В рамках этих сетей задачей палат также является постоянный учет  специфи-ческих интересов среднего бизнеса в работах участников сетей (политика, орга-ны управления, университеты, вузы и т.д.). В законе о поддержке среднего биз-неса необходимо однозначно урегулировать обязанность предоставлять ин-формацию, а также права участия палат.

Отдельные региональные сети нужно интенсивно включать в общебалтийскую сеть по развитию и поддержке малого и среднего бизнеса. В такую общую сеть среднего бизнеса должно войти большое количество существующих сетей и институтов стимулирования экономической деятельности, чтобы как на мест-ном и региональном уровне, так и во всем Балтийском регионе создать по воз-можности одну единую сеть поддержки, которая будет предлагать малым и средним предприятиям все необходимые услуги из одних рук. Организации под-держки бизнеса должны осуществлять это объединение и координацию, но не за счет предприятий.

С помощью такой единой сети поддержки на региональном и общебалтийском уровне можно оптимально поддерживать также международную деятельность малых и средних предприятий, инновации и обмен опытом, использование спе-цифических сильных сторон и культур региона, а также географическое разде-ление труда. Задача общебалтийской сети, работа которой должно координиро-ваться из одного центра предоставления услуг, и региональных подсетей – это любые меры по поддержке малого и среднего бизнеса и повышение экономич-ности, как в отдельных регионах, так и во всем Балтийском регионе.

**Development and advisory authorities**

Entwicklungs- und Beratungsgremien

Gremia projektowe i doradcze

Организации по развитию бизнеса и консультативные организации

**Members of the Hanseatic Parliament**

Mitglieder Hanse-Parlament

Członkowie Parlamentu Hanzeatyckiego

Члены Ганзейского парламента

The Chamber of Craftmanship and Enterprise in Białystok

Braunschweig-Lüneburg-Stade Chamber of Skilled Crafts and Small Businesses

Brest Department of the Belarusian Chamber of Commerce and Industry

Hungarian Association of Craftsmen Corporations

Kujawsko-Pomorska Chamber of Craft and SME's

Cottbus Chamber of Skilled Crafts and SME's

Dresden Chamber of Skilled Crafts and Small Businesses

Pomeranian Chamber of Handicrafts for SME's

Hamburg Chamber of Skilled Crafts and Small Businesses

The Federation of Finnish Enterprises

Chamber of Craft Region Kaliningrad

Kaliningrad Regional Economic Development Agency

Chamber of Crafts and SME in Katowice

Chamber of Crafts and SME in Kielce

Handicraft Chamber of Ukraine

Handicraft Chamber Leningrad Region

The Craft Chamber of Łódź

Lübeck Chamber of Skilled Crafts and Small Businesses

Företagarna Skåne Service AB

Belarusian Chamber of Commerce and Industry

Minsk Department of the Belarussian Chamber of Commerce and Industry

Mogilev Branch of Belarusian Chamber of Commerce and Industry

Russian Chamber of Crafts

Warmia and Mazury Chamber of Crafts and Small Business in Olsztyn

Chamber of Crafts in Opole

The Norwegian Federation of Craft Enterprises

Master of Crafts Norway

Eastern Mecklenburg-Western Pomerania Chamber of Handicraft

Panevėžys Chamber of Commerce, Industry and Crafts

Satakunnan Yrittajät R.Y.

Wielkopolska Craft Chamber in Poznań

Latvian Chamber of Crafts

Craft Chamber in Rzeszów

Schwerin Chamber of Skilled Crafts

The Chamber of Handicraft Middle Pomerania in Słupsk

The St. Petersburg Crafts Chamber

The Chamber of Crafts and SME in Szczecin

Estonian Association of Small and Medium Enterprises

The Baltic Institute of Finland

The Organisation of Handicraft Businesses in Trondheim

Vilnius Chamber of Commerce, Industry and Crafts

Lithuanian Business Employers Confederation

The Chamber of Crafts of Mazovia, Kurpie and Podlasie Regions in Warsaw

Small Business Chamber Warsaw

The Lower Silesian Chamber of Craft and Small and Medium-sized Businesses

# Members of the Baltic Sea Academy

Mitglieder der Baltic Sea Academy
Członkowie Baltic Sea Academy
Члены Академии Балтийского моря

Brest State Technical University, Belarus

University 21 non-profit limited Liability Company, Germany

Hamburg University of Corporate Education, Germany

Hamburg Institute of International Economics, Germany

Hanse-Parlament e.V., Germany

Lund University, Sweden

Satakunta University of Applied Sciences, Finland

University of Latvia, Latvia

Hanseatic Academy of Management, Słupsk, Poland

Saint-Petersburg State University of Economics, Russia

Tampere University of Technology, Finland

Vilnius Gediminas Technical University, Lithuania

Vilnius Pedagogical University, Lithuania

Võru County Vacational Training Centre, Estonia

# Literature
Literatur
Bibliografia
Литература

Hanse-Parlament: Risiken und Chancen der EU-Osterweiterung für kleine und mittlere Unternehmen [Hanseatic Parliament: Risks and chances of the eastern EU enlargement for small and medium-sized enterprises], Hamburg 2006

Mittelständische Wirtschaft, Handwerk und Kultur im baltischen Raum [SME Economy, Crafts and Culture in the Baltic Sea Region], Hamburg 2006

Hanse-Parlament: Politische Rahmenbedingungen und Förderung von Handwerk und Mittelstand im Ostseeraum [Hanseatic Parliament: Political Framework Conditions and Support for Crafts and SMEs in the Baltic Sea Region, Hamburg 2006

Mehrdimensionale Arbeitswelten im baltischen Raum [Multi-dimensional Labour Worlds in the Baltic Sea Region], Hamburg 2007

Hanse-Parlament: Die Bildungssysteme in den Ostseeanrainerländern [Hanseatic Parliament: Educational Systems in the Baltic Sea Neighbouring Countries, Hamburg 2007

Wissenstransfer und Innovationen rund um das Mare Balticum [Knowledge Transfer and innovations around the Mare Balticum], Hamburg 2007

Hanseatic Parliament: Baltic Education, Hamburg 2008

Hanseatic Parliament: Baltic Spatial Development Measures for Enterprises, Hamburg 2008

Hanseatic Parliament: Dual vocational training for SMEs in the Baltic Sea Region, Hamburg 2010

Hanseatic Parliament: Qualification for doing business international in SMEs, Hamburg 2010

European Regions for Innovative Productivity, Hanseatic Parliament (Partner), in printing

Qualification, Innovation, Cooperation and Keybusiness for Small and Medium Enterprises in the Baltic Sea Region, Hanseatic Parliament (Lead Partner), in printing

Interregional SME supply cluster along the Northeast Corridor, Hanseatic Parliament (Partner), in printing

Annual report on EU Small and Medium-sized enterprises 2009, available at http://ec.europa.eu/enterprise/policies/sme/facts-figures-analysis/performance-review/index_en.htm (last visited 11th March 2011).